I

原爆から原発へ、生命を考える

授業1

にわとりを殺して食べる

◉にわとり狩り：後藤有理子

とても、ざんこくでした。

にわとりを殺しました。わたしは殺せませんでした。殺し方……というので、先生が見せてくれました。まっ赤な血が、ぴゅーっととびちりました。あたり一面がまっ赤にそまりました。わたしのすきなにわとりも、殺されました。

「もう、やめてっ、やめてったらー」

女子は泣きさけびました。にわとりをだきながら、泣いている人もいました。男子がナイフをもって、おいかけてきました。

「バカバカバカっ、れい血人間――」

なんどもなんどもさけびました。でも、もうだめでした。ほとんど殺されていました。（鳥山注：八高線の鉄橋の）大きい柱の後ろで、声も出さないで泣きました。

★

いのちに触れる

生と性と死の授業

鳥山敏子

目次

「も、もう、わたし、なんにも食べない！」

そう、わたしは言いました。でも、ほんとうはとってもとってもおなかがすいていました。さっき、わたしがいったようなことをいった人も、しまいには、

「わたし、鳥の肉だけ食べない」

といっています。なんだか、なさけない気持ちです。でも、わたしも、ソーセージを二本、たべました。

朝からの絶食のあとで

●稲刈りをして、多摩川べりへ

子どもたちは、朝から一滴の水も、食べものも口にしていない。まず、空腹にしておくことが〝にわとり殺し〟参加の条件であった。

あと四日もすれば十一月だというのに、よく晴れわたった暖かい日曜日。前日までつづいた雨はうそのよう。東京の郊外、昭島市の中村博紀さんの田んぼに、総勢九十人以上が集合。四年五組の子どもたちとその兄弟、母親たち、わたしの友人四人、わたしの息子と娘である。この日は中村さんのほかに、協力者がもう一人。『子どもを救え』などを書いた新島淳良さんの息子さんの雄高さんである。彼は元・山岸会のメンバーで、にわとりをつぶすことにはなれているという。彼をつれてきてくれたのは、サークル「授業の広場」の仲間・高崎明さんである。

まず、中村さんの田んぼで、六月に田植えした稲を母子で刈った。二時間ばかり、刈ったり、たばねたり、

干したりしたあと、歩いて二十分ばかりある多摩川へ、にわとり狩りに出かける。

にわとりは二十二羽。ダンボール箱のなかにいれておいた。早朝、中村さんと二人で、養鶏をやっている大野さんのところへ行って、いただいてきたものだ。大野さんは、私が昭島市の学校につとめていたときの父母で、いつも授業に気持ちよく協力してくれた、数少なくなった東京のお百姓さんの一人だ。最初は、七、八羽でにわとり狩りを行なうつもりだったが、大野さんがどんどん箱につめてくれたため、二十二羽にもなってしまった。それは、卵を生むよりもエサ代のほうにお金がかかるようになったにわとりだった。

中村博紀さんが用意してくれたもの――肉をさす七十センチくらいの竹のくし百本以上。大きな鉄のおかま、かまど、アルミの大なべ、鉄の大なべ、包丁、まないた、金しゃもじ、小麦粉、水のはいった大きなポリバケツ、ゆでピーナッツ、しょうゆ、しお、野菜、つけもの、まき、殺したにわとりをつるす竹ざお。それらと二十二羽のにわとりを入れたダンボール箱を、中村さんと新島さんの車二台に積んで多摩川へ。

そのほかにお母さんたちが用意したものは、ナス、ピーマン、ウィンナ・ソーセージ、小麦粉、うどん、しょうゆ、包丁、まないたである。子どもたちは着がえの服とおわん、おはしをもってきていた。それらはそれぞれがしょって多摩川へ。弁当と水とうはもってきてはいけないことにしておいた。

多摩川べりでの水遊び

●おとなたちはカマドづくり

長い列をつくって歩いた。二十分ばかり歩いたところで多摩川の大きな堤防に出た。まっ青な、雲一つない空。白銀のススキの穂が波うち、多摩川の水がまぶしく光っている。遠くに富士山がくっきりと美しい。

多摩川が見えたとたん、子どもたちの足ははやくなる。土手を走った。冷夏異変で、まむしが出る可能性もあるので、注意をしておいた。

広い川原をとおり、ススキの穂波のあいだをぬって八高線の鉄橋の下へ。きのう下見をしておいたところだ。そこは、〝昭島くじら〟発見の場所としても有名である。危険なところはあまりないが、なれない川だけにじゅうぶん注意を与える。母親たちは手わけをして子どもたちをみることにしている。

到着するやいなや、子どもたちはずぶぬれになってもいい服に着替えた。着替える時間ももどかしいらしく、心はもう多摩川のなか。きゃっきゃっと大よろこびで水にはいる。気のはやい子は、もう釣りをはじめている。あたたかいので下着一枚になったり、パンツだけで川のなかにはいったりする子もいる。ビルの谷間が遊び場になっている子どもたちなのだ。いまは、にわとり狩りの準備をするよりも、少しでも川で遊ばせてやりたい。わたしは親たちに声をかけ、車につんできた道具、食糧、水、まき、にわとりを、ほとんど大人たちの手で運んでもらうことにした。

なにとて都会育ちの親子。石でかまど一つつくるのもたいへんだ。中村さんの指導をうけて、なんとか大きなおなべとおかまで大量の湯をわかした。さあ、いよいよ、にわとり狩りだ。

「おおい、集まれ！　にわとり狩りだよ」

さすがは都会っ子だ。男の子の多くが手にしているのはりっぱな高価なつり道具だ。けれど、どの子も一ぴきもまだつれてはいない。糸をまきとる音だけはよくひびいていたが……。釣りに未練を残しながらも集合。

いよいよ、にわとり狩り

●殺すから、目をはなさないで！

「いまから、にわとりを放つよ」

ダンボールのなかのにわとりは、逃げないように両翼を長時間、交差されていたためか弱っている。それでもダンボールから出されたにわとりは、あちこち歩きまわりはじめた。こわごわ追いかける子。つかまえて抱きかかえる子。水のなかまで逃げていくにわとり。かまどの煙のなかですくんで動かないにわとり。

「先生、これ殺すの、いやだよ」

母親たちも、「殺すのなんてかわいそう」「できないわ」といっている。

にわとりをみればみるほど、殺したくないと思う心は強くなっていく。絶対、殺したくないといって抱きかかえ、火から遠ざかっていく女の子たちをみて、男の子が追いかけていく。男の子だって、殺すのはいやなのだが、女の子のてまえもあってか、あまり態度にださない。

「さあ、中村さんに、にわとりのつぶし方を教えてもらうから、よくみてて」

中村さんは、にわとりの首をきゅっとひねった。子どもたちも親たちも思わず顔をそむける。ぐにゃっとなったにわとりの両足をおさえ、首の毛をむしり、包丁をあてた。「いやだ！」「こわい！」。ぐっと力が入れられた。血がドクドクとふきでる。頸動脈を切断された首がブランとなったが、にわとりのからだは最後の力をふりしぼってあばれる。その生命力のすごさに身がすくむ。さかさまにつるして血を出す。ドクドクとわきでるまっ赤な血。それでもにわとりはあばれつづけた。

やがて、おとなしくなった。死んだのだ。じゅうぶん血を出しきったところで、湯のわきたっているなべにさっと入れて、とり出した。とさかも目も黄色く白く変色していた。わたしたちをうらんでいるような目だ。わたしは、呆然《ぼうぜん》と立って凝視している子どもたちや親たちに声をかけた。

「さあ、みんなで毛をむしって！　むしった毛はビニール袋にいれて、散らかさないように」

いやがる子どもや親の心をはねかえすように、事務的な口調でいった。つき動かされた親子は、羽をむしりはじめた、こわごわと。むしりとっていく羽の下にみえてくるものは、いつも店頭で目にしているあの鶏肉である。ふたたび中村さんの手によって、もも肉、手羽肉と、料理されていくのをみているうち、わずか

にわとりを追いかける。

つかまえたにわとりを殺す。

ずつ子どもたちのからだに変化がみられる。その変化は、やがて、その肉のかたまりが完全にバラされ、小さくなり、いよいよ竹ぐしにさして焼かれるという段階になって、はっきりと出てきた。

「ぼく、もも肉、ちょうだい！」

竹ぐしをもって行列ができたのだ。朝早く起き、一時間、電車にゆられ、長い道のりを歩いて多摩川まできた子どもたちである。朝からなにも食べていないし、なにも飲んでいないのだ。そのうえ、稲刈りもしたし、水にはいって遊びもした。かわいそうだと思っていた気持ちより空腹が勝ったのだ。

まず、何人かの男の子たちが、少しずつ自分の手でにわとりを料理しはじめた。首をひねり、頸動脈を切り、血を出し、湯につけ、毛をむしる。この一連の作業をこわごわと、あるいは、自分をかりたてるようにして進めた。そして、女の子たちも少しずつやるようになった。こうして、多くの手によって二十一羽のにわとりを殺した。しかし、どうにもそれをみたくないといって逃げ、一羽のにわとりを抱いて、泣きつづける女の子たちもいた。その女の子たちを集めて、

「わたしがいまからにわとりを殺すから、けっして目をそらさずに見ていること！」

かなりきつい口調で命令した。子どもたちの泣き声をはねのけるようにして、わたしは包丁を手にした。いまのいままで子どもたちの胸に抱かれて生きていたにわとり。そのぬくもりがわたしの心にも痛い。でも、わたしの手はそういう思いを断ち切った。

これらの肉は、中村さん、新島さん、お母さんたちの手でこまかく料理された。子どもたちは、それを竹のくしにさし、ウィンナ・ソーセージ、ナス、ピーマンなどもさして、バーベキューにし、塩をふりかけて焼いて食べた。口のまわりを黒くし、ガツガツとくらいつき、空腹を満たしていった。

一方、大きなおかまですいとんをつくった。小麦粉を水でとき、おたまですくって、ぐらぐら煮えたつ湯

のなかに入れる。野菜、にわとりの肉、しょうゆをいれて煮たてる。竹にさした肉を食べないといっていた何人かの子も、やがて、おわんをもってすいとんのまわりにやってきた。「肉をいれないでね」といって。

★

生きるために、いのちを奪う
●殺す人と食べる人の分離

「四年生の子どもににわとりを殺させるなんて、なんというおそろしいことをしているのだ。殺したことが子どもの心のなかに残虐性をうえつけることにならないか」と多くの人は、疑問を抱く。

★

戦後まもないころだ。七、八歳のわたしは、いとこが自分の家で飼っていたにわとりを殺して料理するのをみたことがある。広い庭に台がもちだされ、そのうえでつぎつぎにバラされていくにわとりをみていたわたしの記憶のなかに、かわいそうにという感覚の片鱗も残っていない。いや、むしろ夕飯を思って舌なめずりをしながら見ていたことをはっきり覚えている。

たくさんの内臓のなかから、黄色いたまごがつぎつぎと出てきたときは、感動さえした。毎日毎日、おしりから出ていた卵が、すでにおなかのなかで用意されていたのに驚いた。いとこは、その卵を大きい順に手にしながら、「これがあした出てくる卵、これがあさって出てくる卵」とわたしに教えてくれた。つやつやした肉と卵が、その夜の食卓をどんなにはなやいだものにしてくれたことか。たっぷりおつゆのはいったすいとんを、何ばいも何ばいも食べた。少しでも動くともどしてしまいそうなほどに。

★

戦中・戦後を生きてきた多くの人がよく口にする「もったいない」は、わたしのからだにしみこんでいる。それは、わたしのなかでは、ただ、食べるものを捨てる、無駄にするという意味の「もったいない」だけではない。生きるということは、ほかの生きもののいのちをとりいれることである。自分が生きるために奪ったそのいのちは、自分が生きるためにぜんぶ使うのでなければならないということなのだ。奪いとったいのちは、自分のからだのなかで自分のいのちとしてよみがえっている――自分の生がいま、こうして営みをつづけるまでに、どれだけ多くのいのちを奪ってきたことか。どれだけたくさんの植物や動物たちのいのちを食べつづけてきたことか。

小鳥や犬や猫をペットとしてかわいがったり、すぐ「かわいそう」を口にして、すぐ涙を流す子どもたちが、他人《ひと》が殺したものなら平気で食べ、食べきれないといって平気で食べものを捨てるということが、わたしには納得がいかないのだ。自分の身内のようにペットをかわいがる子どもたちをみて、心の豊かな子であるというふうにかんたんに見てしまう大人たちの風潮にも腹がたつ。自分のなかの何か満たされないもの、飢餓感、孤独感が、ペットへの密着を強くしている場合もあるのだ。

だからといって、それら生きものへの愛情をまったく否定しているわけではないのだが、わたしには、「生きているものを殺すことはいけないこと」という単純な考えが、「しかし、他人の殺したものは平気で食べられる」という行動と、なんの迷いもなく同居していることがおそろしくてならない。

狩りと採集の時代も、農業の時代も、人間は自分で口にするものは自分の手で殺してきたのだ。それは、多くの動物たちと同じように、ぎりぎりのところまで追いつめられ、そのいのちを維持するためであった。したがって、食べるということには、空腹を満たすということだけでなく、ある神聖さ、感謝があったように思えるのだ。

以前、グループ現代が製作した映画「チ・セ・アカラ」(われら家をつくる)で、アイヌの家づくりをみたことがある。そのなかで、アイヌはけっして必要以上にものをとったり、いのちを奪ったりはしない。柱と柱をむすぶひもにする木の皮をとるにしても、木が死なないように、みきの一部だけをはいでとった。また、食べもの一つとるのにも、人間だけでなく、くまや動物たちのぶんも考えてのこしておくという細やかな心くばりをしていた。おそらく、かつての人間は、いのちあるもののなかに、つねに精霊を感じ、祈りをもって接してきたのではないだろうか。

「いや!」。思わず,顔を手でおおう。

殺したにわとりを料理して食べる。

ところが、殺す人と食べる人が分離されたときから差別がうまれ、いのちあるものをいのちあるものとみることとさえできなくなってしまった。いや、人民を差別させあうために、政策として分離させたという事実も、わたしは直視したいのだ。

わたしのなかには、あの宮沢賢治の「よだかの星」のよだかがいる。星にむかってひたすら苦しんで飛びつづけているよだかの叫びが、食べものを口にするたびにひびいてくるのだ。

自分の手ではっきりと他のいのちを奪い、それを口にしたことがないということが、ほんとうのいのちの尊さをわかりにくくしているのだ。殺されていくものが、どんな苦しみ方をしているのか、あるいは、どんなにあっさりとそのいのちを投げだすか、それを体験すること。ここから自分のいのち、人のいのち、生きもののいのちの尊さに気づかせてみよう。

人間がにわとりに殺されていたら…

●子どもたちの感想文

◉石川三樹

鶏を殺した。私はとてもざんこくで殺せなかった。いこまさんや望美さんは、鶏をだいてないていた。それなのに男子は、望美さんやいこまさんのあとをおいかけ、鶏をつかまえようとする。のぞみさんたちは、とってもいやがっているのに、男子たちはナイフをもっておいかけて来る。坂内さん

は、はらがたったみたいで、

「あんたたち、命のことを考えないで、殺すことばかり考えて、鶏だって命があるんだから」と、顔をまっかにさせて言った。

鶏を殺すところでは、もうたくさんの鶏が殺されていた。川は血でいっぱいだった。男子たちが殺していた鶏をちらっと見たら、口ばしから血がポタポタたれていた。男子が、

「女子たち、鶏をだいて、かしてくれない」と、いっしょに来たおばさんや先生に言っていた。最後の最後まで鶏をだいていたんだけど、とうとう鶏は、つれていかれた。生駒さんがもっていた鶏が先生に殺される。先生は、

「鶏から目をそらすな」と言った。だいぶみていたけど、がまんできなくなって目をそらした。

首をきったけど、まだ生きていた。はねをばたばたさせ、首からは血がポタポタたれている。

ねっとうに入れると、赤いとさかが黄色くなって、目もとじて、ただでさえ白い鶏がもっと白くかんじた。そのしゅんかん私は、体のなかのなみだがぜんぶ出そうだった。

女子では中島さん一人が鶏を殺していた。生駒さんたちは、

「お肉、食べない」と言っていた。けどほんとうは、ものすごくおなかがすいていたんだろうと思う。

「私は鶏を殺してしまったんだから食べなくてはだめだ」と思い、けっきょく少し食べた。

◉児玉勇一

きのう昭島へ、おかあさんとおとうとといもうとと、四年五組のみんなや弟や妹や兄やで、いった。

ぼくは、ざんこくなことは、したくなかった。矢野君とにわとりをかわいがっていた。折田君が、

「つり人は、ざんこくなことはしない」

と、言っていた。ぼくもそう思っていた。だけど、ぼくも肉ややさいやさかなを食べているから、しようがないなと思っていた。ぼくは、にわとりをころすのをやったり食べたりするのは、はじめてだ。ころしたりしていたら、手が、くさかった。

もしかはんたいに、人間が、にわとりにころされていたらどうなるかと、思った。

にわとりがりが、おわってから、帰った。帰りは、足がいたくて、たまらなかった。

◉伊藤ふじ美

かなしそうな目で、にわとりはどこをみていたのでしょうか。にわとりの体は、小さくなってふるえていました。私は、殺されると思うと、なみだがとまりません。はじめは、ただかわいそうという気もちでないていた。でもしまいには、人間

いました。

というのが、あくまのようにかんじました。しばらく私は、一人でなきじゃくって

向こうのほうから先生がきた。

「にわとりをころすのを見なさい」

と言われた。私はしかたなく、先生につながっていった。血が出るたびになみだがでた。まるで血をうすめるように。ほんとうなら、やめてーとさけびたかった。

いつもならへいきで食べている肉も、なぜかきょうだけは食べられない。なんだかわからないけれども、なみだが出ました。そして帰りは、とぼとぼあるきながら、えきへ行って、電車で帰りました。

◉山縣慈子

にわとりがころされたとき、すごく悲しかった。しばらくがまんしたけど、がまんできなくなってないた。

男子が、ほうちょうをもってきたので、もっとないた。なきながら人間はなぜこんな残こくなことをするのか。なぜ人をころすとけいむしょ行きで、なぜ〝ニワトリ〟だとけいむしょ行きにならないんだ。八高線鉄橋のはしらのうらのみえないところでないた。

最初、にわとりの肉だけたべないつもりだったが、もうなにも食べたくないと思った。でも、ついに少し食べた。

●鹿島秀光

ナイフでにわとりをころすのが、いやになりました。にわとりの首をきったら、ないぞうがでて、血が「ドクドク」でて、みんなは、きもちわるいみたいで、みていました。友だちがにわとりの首のあたりをさした。ぼくは、見た。ぼくが一回やったら、すごくあばれ、足がすごい力だった。かわいそうだけど、にわとりをたべないとおなかがすくから、ころした。女子たちが、ないた。けど、ぼくたちは、にわとりをころした。

●折田尚也

いよいよ鶏をつかまえるときになりました。だけど、ぼくはつかまえたくなくて、殺すのをてつだった。天野君たちが、ほうちょうふりまわして、つかまえて、ぼくたちが首をぶっちぎりました。そしたら、血が首から「ドクドク」でました。そして、じゅうぶん血をとったら、こんどは、熱い湯につけてから、きって、やいた。そして、たべたら、まあまあおいしかった。

このほか、子どもの作文には、にわとり殺しと戦争を結びつけて書いたものがあった。それを結びつけた授業はしなかったが、九、十月に「東京大空襲」「広島・長崎の原爆」「日中戦争」について、絵本と写真を中心に進めてきていたからだと思う。また、「よだかの星」についてこだわった子どもたちがいた。九月と十月に二回、わたしが「よだかの星」を朗読していたからである。

それにしても、このにわとり殺しについては、なんと、ひとりひとり考え方が微妙にちがっていることだろう。しかも、男の子と女の子のちがいは、大きい。にわとりを殺したつぎの日の給食は、なんと偶然、にわとりの肉のたっぷりはいったクリームシチューであった。わたしは出張でその場面をみなかったが、

「先生、きのうのシチュー食べられなかったよ」

「わたしたちは、〝にわとりさん、ごめんなさい〟って食べたの」

と口ぐちに言っていた。

自分のなかにある差別を見つめる

●田島征三『土の絵本』をめぐって

画家の田島征三さんの書いた『土の絵本』(すばる書房刊)を使って授業をした。この本はもう何年もまえに読み、強く印象に残っていた。自分の幼いころ目にしたにわとりの料理のシーンとダブり、共感するところが多かった。自分の育ててきたにわとりが、ある日、野犬におそわれた。怒った彼は、その野犬をとらえて、肉はもちろん、その血までのんでしまおうとした話である。

わたしはこの田島さんの考えを子どもたちにぶつけて、ただ、「かわいそうだ」ということでとどまっている子や、「どうせ生きものを殺さなけりゃ生きていけないんだよ」と割りきることによって自分のからだのなかに動いていたものをみつめようとしない子に、ゆさぶりをかけたかった。さらに一歩つっこんで、被差別部落ということや、自分のなかにある差別ということにもふれさせてみようと思った。少し長くなるが、「俺で犬を」の部分を引用する。

「俺で犬を」

●一部引用

★野犬

野犬が、鶏を二羽も嚙み殺した。

二羽とも、よく卵を生んでくれる奴だったが、こうなっては鳥鍋にするよりほかはない。晩めしの支度に羽根を毟《むし》ってから、まず一羽をばらしにかかった。夢中で内臓などを取り出して並べていたら、件《くだん》の犬が洗面器の中に入れてあったもう一羽の方を咥《くわ》えていった。僕は、気違いのように出刃包丁を振りまわして追いかけたが、逃げられてしまった。多分、野犬は、あの鶏を山の中でゆっくり食ったに違いない。

夕餉《ゆうげ》の食卓を賑わした鶏は、腹いっぱい明日からの卵を抱えていた。殺されなければ、腹の中の小さな卵が毎日一つずつ生まれてきたことだろう。このことを考えるとこの鶏を殺した野犬に憤りがむらむらと沸いてきた。それにしても、その夜一家の栄養源になってくれた一羽は、まだいいが、もう一羽はまるごと紛失してしまったのだ。

次の夜、けたたましく鶏が騒ぐので、「又、殺《や》られたのでは」と心配して見たら、例の野犬が鳥小屋の戸を壊しかけていた。もし手遅れだと、又、僕の鶏たちを死なせるところだった。「もう許せない」僕は、山羊を繋《つな》ぐ鉄製の棒を握り闇の中を走った。しかし、敵も命がけ、又逃がしてしまった。

★土の思想

「そんなやり方では犬はつかまりませんよ」丁度泊っていた農大出身の男が、私に任せなさい、朝までには捕えてみせる、というので、僕は寝てしまった。翌朝起きてみると、憎《にっく》き野犬は、首と後足を荒縄で縛られ、それぞれ別の方向から引っぱられてくさむらに転がされていた。悪辣な猛犬も完全に自由を奪われて、我が手中に落ちてしまうと憐れである。（中略）

「たべちゃいますか」農大卒がうれしそうに言う。保健所に連れて行けば、注射で殺されてゴミとして捨てられるだけだが、僕達で料理して食ってしまえば、動物性タンパクを無駄にしないですむ。というのが農大の言い分である。賛成である。僕は食物を捨てる人をみると「この人は悪い人だ！」と思ってしまう。逆に、なんでも食べる人は好きだし、僕も川や山から採ってきたものは、草でも魚でも全て食う。そのかわり、食べないものは採ってこない。自分が食べないのに魚を釣りに行く人をいやな人だと僕は思っている。

「食べよう」と決心した。

ところで農大はどうやって彼女を捕えたか。彼は、一晩かかって彼女を餌付けしたのである。徐々に、餌を手から食べさせるようにし、頭をなでさせる所までなつかせ、朝方には、ついに首輪をつかまえたのだそうだ。

「まず講和を結んで、それからつかまえるのでなければ、野性の動物は生け捕りには出来ませんよ」

「それは、まるで、アメリカのやり方ではないか」

僕は急に不機嫌になってしまった。

ベトナムでもそうだったが、アメリカインディアンを亡滅させて行く過程で、いつも、手を結んでは手中に引き込んで殺すというやり方を使っている。（中略）

★犬料理

僕たちはまず彼女の動脈を切った。血が五センチだけ舞い上がり、その血のさっきまでの持主は低く長く鳴いた。
白土三平の漫画の中に、馬の血をよく洗った腸に詰め、所々草でしばってサラミソーセージを作る所があったので、僕は農大にサラミをつくろうよといった。流れる血が不憫でしょうがなかったのだ。
農大は、おどおどしながらいろいろのことをしゃべりつづける僕を無視して、ゴリゴリと音をたてて首を切断してしまった。最後の血が泡をともなってゴボッと草の根にすいこまれていった。二人は二つになった彼女の体を飼料袋にいれて仕事場まで運んだ。（中略）
その山頭火の庵のような小屋に彼女を運んでいって料理を始めた。まず皮をはがすと庵の中に動物の匂いがひろがった。この匂いはその後二週間も僕の身体にしみついてしまった匂いだが、この匂いは十年前、僕が貧乏で食うものも食わずにやたらと絵ばかり描きなぐっていたころ、ある日突然栄養失調で起きられなくなって死ぬかと思いながら何週間か寝こんでしまった時に自分の身体からにおった匂いである。その時に僕が「あっ」と思ったのは、小学校の時の貧乏な友達から共通してにおってきたあの匂いなのだと気がついたからである。これは、貧乏の匂いなのだとわかって、ああ僕は貧乏で死ぬのだと思うと、僕の絵を認めてくれない世間を恨んで蒲団の中でやたらと涙が流れてしかたがなかった。

その後、岩手県の前森山集団農場へいった時、裾野の村の小学校から山麓の農場まで帰るスクールバスの中にたちこめていた匂いも同じ匂いだった。バスの中で可愛い顔をした女の子がそっと僕のそばに来て小さな袋を僕の鼻先におしあてて、いたずらっぽく笑った。なんだろう、隠すのを無理に引っぱると、それはその子の首からひもで下げた匂い袋だった。「お母ちゃんがつけてくれた」という匂い袋の意味するものが心を暗くさせるのは、僕が小学生だった時、この匂いのする友達を皆でのけものにしていじめたことを思い出すからだ。指を四本その子の顔のすぐ前につきつけることがどんなにその子の心を鋭く深く切りさいていたか、僕は知らなかった。しかし、僕が意識しようとすまいとその子の体の内側には今でも、深い傷が残っているに違いないのだ。その傷は、古傷ではなく今も血を流しつづける生傷なのだ。あれから、二十数年たって、多少は差別に対する大人の世界の状況も変ったし、未開放部落ではない前森の子らに、麓の村の子らがかつての僕らのようなひどいことをするとは考えられない。だが「におう」ということに対する人間の感性は前森の子らにも、鋭い刃《やいば》となっておそいかかっているのではないだろうか。

農場では牛が数十頭、豚が二百頭と二十七年前の切り株だけの荒地からは、想像もつかぬ豊さを築き上げていた。しかし人々は、質素で家畜の匂いにすっぽりおおわれて生きていた。家畜の匂い。そうか、この匂いは動物の身体の匂いだったのか。そのことが農場の次の朝、ちちしぼりを見学した時わかった。これは、家畜の匂いであり、獣の匂いであり、屠殺の匂いであったのだ。数週間体をふきもせず寝ていた僕は動物の匂いがしたのだ

なあ。（以下省略）

子どもたちからの手紙

●田島征三さんへ

◉梶圭子

私たちは、このまえにわとりをころして食べました。先生は、犬とにわとりを食べたそうですね。先生の考えは、人間は他の生き物を殺して食べるのはあたりまえだと思ってるみたいです。ころしたときのにわとりと、ころしたあとのにわとりがちがうみたいなんです。ころしたときのにわとり――とってもかわいそう。でも、肉に変わってしまえば、なんでもないのです。ふしぎです。

生きものを食べるのがかわいそうだからって食べなくちゃ死んじゃうから、やっぱり食べてもいいと思います。犬はおいしかったですか？　みんな気持ちわるがっているけど、私はいいと思います。

◉後藤有理子

田島先生の『土の絵本』、先生がよんでくださいました。犬がにわとりをもっていってしまう話、その犬を、田島先生が食べてしまう話、聞いていて、にわとりがりのにわとりもたべられないのに、いっしゅん、犬をたべてみたくなりました。

◉坪井研一

いくら野犬が鶏を食べたからって野犬をたべるのは残こくだ。ぼくは野犬なんて食べたことがない。食べてだいじょうぶなんだろうか。生きている犬を殺して食べるなんて気もちわるい。肉屋みたいになっていればいいけど。生きたままじゃ気もちわるい。

考えてみれば、ぼくたちは、つみのないものを殺して食べるほうが残こくだ。だが生物を食べないと生きていけない。だから、しようがない。

◉岡本みちえ

わたしは、田島先生がなぜこんなはなしをつくったのかがしりたいし、どんな人かもしりたい。こういうはなしをきいていると、なんだか、むかついてくるようです。でもほんとに、ふしぎな人だな。

わたしは、鶏をころすのはざんこくだとかんじるけど、人はどう物やしょく物をたべていかなければいきていけないということがはっきりした。

それにしても、田島先生は、いぬをころして、「ち」までのこさないでたべるなんて、なんだかかわってるな。

◉檜谷さつき

牛やぶたの肉を食べてもさべつされないのに、犬の肉を食べると、どうしてさべつされるのだろう。肉屋では犬の肉は、うっていないからかもしれない。きっとそうだ。でも、これから生活がまずしくなっていったら、犬でもなんでも食べると思う。そのことを考えたら、犬の肉なんて気持ち悪くない。私は、そう思う。みんなの考えは、きっとちがうだろう。

　私とみんなの考えは、やっぱりちがった。気持ちが悪いということばかりだ。私は少しかわりものかもしれない。今までは、人の話をきくと、すぐに考えがかわったけど、今度はまったくかわらない。

　田島先生は、すごくかわったことをして、そのことにたいしてすごく考える人だ。それと、さべつのキライなやさしい人だ。

イメージの世界へ
●にわとりになる

　これまで、殺すことをとおして、「いのちとは」「人間とは」「差別とは」を追求しつづけてきた子どもたちをみて、わたしは子どもたちを理屈で考えさせすぎたように思えてきた。そこで、からだを使って、「にわとりになる」イメージの世界にはいることにした。にわとりの側から、にわとりと人間をみることをしたくなった。

　机を後ろに運び、にわとりを殺す人間と、にわとりと、子どもたちを半分ずつにわけた。にわとりになった子には、「いま、卵！」といって、卵になってもらった。人間になった子は、卵から離れてもらった。

「いま、卵です。お母さんのあたたかい胸のなか。あったかーい！　卵のなかで少しずつおーきく、少しずつ大きくなっていく。血管には、血も流れている。小さな心臓は休みなく血を送っている。ああ、大きくなってきたからだ。羽もはえている。カラいっぱいにふくれあがってきたからだ。もうすぐ外へ出られそう。出られそうな人は出てみてください。

さあ、外へ出た。

ひよこだよ。羽はぬれているけど、少しずつ、少しずつかわいてきた。

お母さんどりといっしょに草原へ。

草を食べよう。

ミミズも……。

だんだん暗くなってきた。

さあ、ねよう」

夜のシーンでは、ときどき、野犬（子ども）を登場させた。早く大きく成長する子もいれば、なかなか卵からかえらない子、ヒヨコから大きくならない子もいて、おもしろい。野犬がなくたびに、かたまってふるえている。少しずつヒヨコを成長させてにわとりにした。

「さあ、にわとりをつかまえて、殺してたべよう！」

机の上下、いすの上下、ロッカーのかげにかくれていたにわとりも、全部ひきずりだされて殺された。殺し方は、まえに実際に殺したのとおなじ。

「首をひねって！」

「首の毛をむしって！」

「さあ、するどい包丁でぐさりと！」

バタバタあばれるにわとりをおさえこんで料理する。ぐたりとするにわとり、まだあばれつづけているにわとり。

「さあ、さかさまにつるして！」

足をもってさかさづり。まだ、あきらめられないのがいて、もがいている。

「あつい湯のなかへ。全部つけて、もっと湯のなかへ、そう！」

「さあ、毛をむしろう！」

湯から出してねかされ、毛をむしっていく。

「きれいにむしったかな」

もう、ここでは、みんな観念したようだ。あばれる子はいない。

「バラバラにばらそう」

包丁をふたたびもち、バラバラにしていく。

「それをくしにさして、火にあぶろう」

「やけたら、食べて！」

殺されるにわとりになる
●子どもたちの感想文

◉木原久仁子

卵からはじまった。先生が、

「お母さんのおなかで、あたためられている」

と、言ったとき、ほんとうにせなかのあたりが自然にあったたかくなってきた。三週間くらい卵のなかにはいっていた。だんだんと卵のなかにいて、きゅうくつになったとき、私は、外に出ました。外にいて、いちばんこわかったこと、というと、犬が来たことです。

大人になって、何日かたってから、人間におそわれた。つかまえられたら、すぐにナイフで切られ、そして、つるされました。血が全部出てしまったら、こんどは、手や足を切られ、それにあぶらをぬられて、火をつけて、やかれました。私は、すごいやき方をするなあと、思いました。

◉岡本佳子

たまごからうまれて、だんだんおおきくなって、鶏となった。ある日のよる、犬がおそってきた。私たちは同じ場にあつまり、ちぢまっていた。何分かして帰っていった。ある日、おそろしい人間がきて、私たちをつかまえた。私はいっしょうけんめいにげたら、みんなおなじところにあつまってしまった。友達のせなかでふるえていた。私は、つかまり、どきっとした。毛をむしられ、私はあばれていた。いたいっと思うと、ころされていて、血がどくどくとでていた。

◉梶圭子

たまごのなかは、とってもあったかい。体が大きくなりすぎて、からにはいっていられないので、からの外へ出ました。はねは、ぬれています。おなかがすいてきました。草をつっついて虫をたべます。

すこししたら、犬がやってきました。犬におそわれたらたいへんです。みんなのなかにもぐりこみました。でも犬は、私をひっかいて、いってしまいました。けがをしたのもかまわず、また、虫をたべました。

ひよこは、とっても犬がこわいとわかりました。

◉山縣慈子

私達は犬がこわい。

私ははははおや、たまごもち。ころされたとき、たまごさえ生きればと思った。さむけが私をおそう。みんな元気でいますように。神様おねがいいたします。この食物がほうふなあれのはらに……。

◉川崎隆之

たまごのなか。まわりは、かたいものでおおわれている。きゅうくつで、はやくでたい。くちばしで、とんとんたたく。ひびがはいってきた。出口を見つけた。すぽっと頭を出すと、大きな大きな大草原が見えた。ハイジャンプして、外に出ると、もう太陽がしずみかけている。そのとき、地面にミミズがはっていた。まだなにを食べていいか、わからない。そのミミズを口に入れてみた。ステーキのようにおいしい。

夜になると、野性の犬があたりをうろついた。そしておそいかかりもした。でもぼくは、なんとか食べられなかった。

ある日、エサを食べていると、生き残りの原始人が、木のナイフをもっておそいかかってきた。む中になってにげていると、行き止まりにきてしまった。どうしよう、と、思っても、あとは飛んでにげるしかない。バサバサバサと音を立てて、大空へまいあがった。一しゅん、やったと思ったが、原始人のなかでいちばん白いのと黒いのが、ナイフをぼくめがけてなげた。プスンと、ぼくのくびにささった。ドバーッと血が出てきた。もうだめだ、力がない。目をまわして、地面に落ちていく。ドッスーン。とうとう殺されるうんめいがきた。原始人がくる。ナイフを首にあてた。グサリ、と首にナイフがくいこんだ。まだがんばっている。さかさにして、血をだした。毛をぬかれて、とうとう死んでしまった。

殺す人間になる
●子どもたちの感想文

つぎは、交替だ。にわとりのほうは人間に、人間のほうは今度はにわとりに。もう、にわとりになって殺され、食べられてしまった子の相手に対する目つきがちがう。「ようし、しかえしをするぞ」といきまいている子もいる。最初の人間よりも、もっとはげしく、にわとりを殺して食べる人間になっていた。

◉牟田賢一

反対になった。しかえしに白井君のにわとりにまっさきにとびかかった。児玉君といっしょに白井君のにわとりをいためつけた。みんなにわとりはキャーキャーキャーキャーいっていた。なかなか血がでないので、ぶらさげようと思った。が、おもすぎてもちあがらなかった。どんどんおした。血が落ちてきた。しんでいるはずのにわとりがうごいているので、児玉君が、

「やめろよ」

といいました。ぼくはおこって首を切って切ってきりまくりました。白井君のにわとりはわらっていた。ナイフでもものところをちぎってたべた。まずいのは、どんどん投げすててしまった。けれどたいしておいしい肉はなかった。だけど、さっきのうらみだと思い、ほねになるまで肉をとっていった。もう白井君は死んだ。まだうごいているが、もうやめてしまった。

●伊藤ふじ美

にわとりの大群がいる。一わのよわそうなにわとりが、にげまわっていた。

私は、走ってにわとりをひっつかんだ。とても弱そうなにわとりで、あまりおいしそうではなかった。だから、向こうのほうにいる小さなにわとりをつかまえた。そして首にナイフをたてた。血がたれた。そしてにわとりをさかさにつるした。血が全部なくなったようだ。そして、火であぶった。とてもおいしそうにやけた。

でも、不思議なことに、かわいそうになってきた。まるで、やいたにわとりが、ふるえてないているように思えた。

◉木原久仁子

鶏が大人になったころ、私たちは、鶏を殺しにいった。小さな鶏をつかまえて、坂内さんと切ったりした。首のところを切るとき、私はほんとうに殺すみたいで、切るまねをするだけでも、いやだった。体のなかのものを取りだした。全部に血がついていた。やこうと思ったころには、手が血でよごれていた。なんだか気持ち悪かった。

生きものとしての自分を見つめる

●この豊かな生活の背後にあるもの

にわとりを殺すという授業は、戦争とか原爆とかをもっと深く考えさせたいというところから出発したものである。一見、戦争や原爆は個人の努力、個人の考え、個人の善意ではどうしようもないものであるかのようにみえるが、しかし、出発はあくまでもひとりひとりの同意から始まっている。それなのに、過去の戦争はいつも犠牲だけが強調されて、ひとりひとりの責任は回避されたように思えてならない。これは、いいすぎだといわれるのを覚悟のうえで、どうしてもそれを強調したいのだ。

犠牲が強調されればされるほど、戦争へ追いやった為政者への追及は強くなったが、為政者を支えたおのれ自身の責任はいつも回避され、弱められてきた。「戦争に反対しなかったのは、反対すると非国民だといわれるから反対できなかったのだ」と、もしいうのであれば、戦争はけっしてなくならないだろう。都合のいいときは自分のおかげであり、都合の悪いときは為政者や体制のせいにする大衆が社会をつくっているかぎり、戦争はけっしてなくならないだろう。

この資源の少ない日本の毎日のぜいたくな生活、世界のなかでも進んでいるといわれるこの生活は、戦争のおかげではなかったか。あの朝鮮戦争の特需で、経済的に立ちなおることができたのではなかったか。もう戦争で殺しあうのはこりごりだったはずの日本人が、もうけるために戦争に参加したのではなかったか。

自分の欲望を満たしてくれているもの、これは、他国の人たちのいのちを奪うという行為のうえに成りたっているのだ。この豊かな生活のなかに、殺されていった、半殺しにされ、〝かたわ〟にされていった人の魂が、うらみをはたせぬまま、ふわりふわりとさまよっているのだ。

犠牲だけを強調する戦争はもうたくさんだ。あの第二次大戦のときも、男だけでなく、女だって手をかし、参加し、おし進めたのだ。泣いたのは自分だが、泣くようなことをしたのも自分なのだ。その事実を直視しなければ。人間なんて、そうりっぱなものではないのだ。戦争などというくだらないことを平気でやってしまうおそろしい生きものなのだ。生きものとしての自分をみつめることから戦争をとらえなおしてみたい。そのことが自分を相手をも理解する第一歩になるのではないだろうか。

いま、自分のからだが食べたがっているものや、食べたい量をいっさい無視して行なわれている給食という「教育」が、どんなに生命を軽視し、からだ感覚をにぶくしてしまう子を大量生産していることか。これは、たいへんな生命蔑視の思想教育だと歯ぎしりしているのだが、どうにもならない。あいかわらず、パンもおかずも捨てられているのだ。多くの無駄になったいのちは、いつかきっと人間に報復するだろう。

★

[付記] これを書いて四年後、わたしのつとめる桃園第二小に新しく原田さんという栄養士さんがはいった。彼女は、子どもたちのからだと心のことを考えて献立をつくり、有機農法の野菜やくだものを仕入れるなど

の努力をし、親たちを啓発するために、通信も出した。桃二小の給食は一変した。

しかし、いっそう残念なことに、残飯はやはり出るのだ。しかも、子どもたちのからだにいいと思って作る献立に残飯がたくさんでるということも起きている。冷凍食品やインスタント食品、そして、ハンバーグなどのやわらかい食品に慣れた子どもの舌は、素材がしっかりし、手をかけて作る食品を好むようには、かならずしもなっていないのだ。むしろ、その傾向が強くなっているといってもいいだろう。外食産業からおかずを買う母親が多くなった現在、ある意味では、この給食ほど子どものからだにいいものはないのだが……。

わたしたちは、そういった時代を生きている。

なぜ、「にわとりを殺して食べる」授業をしたか

「原爆から原発へ、生命を考える」の原稿をまとめはじめて、とても気がかりになっていたことがあった。それは「にわとりを殺して食べる」（八ページ）のなかに、子どもたちひとりひとりが、いま自分が生きている現実を超えるために、〝殺して食べる〟という行為に直面したのだということを、なにひとつ描けていなかったことである。これでは伝えられないなあ、と思ったのだった。

それで、今回は、わたしの授業を成り立たせている、〝ひとりひとりの子どもたちの立っている現実〟とわたしとの葛藤を書きたい。

子どもたちそれぞれが抱えていた悩み

●学級は、まさに戦場だった

この一年、わたしが、もっとも驚きと尊敬の念を抱いてみていた子どもの一人に、生駒奈摘子《なつこ》ちゃんがい

る。彼女は、わたしが担任になったとき、「女の先生か、いやだな」とがっかりしたという正直な子だが、その当時、彼女はかなりまわりの男の子にも女の子にも、にらみをきかせていた。

彼女は母親の手ひとつで育てられていたのだが、母親もわたしと同様、夜遅くまで働いていて、じっくり子どもと顔をあわせることがなかったようだった。家庭訪問のさいに、母親は「子どもって、ほうっておいても育つものだと思っていました」というほど、彼女は、けなげに、しっかりしていた。そんな奈摘ちゃんは、ほんとうはさびしくて、それに耐えられず、強引に友だちを自分に従わせるところがあった。

この都会において、女の手ひとつで子どもを育てることが、どんなに経済的にも時間的にもたいへんなことか、わたしもいま、それを体験中なので、その当時の奈摘ちゃんの母親の気持ちは、痛いほどよくわかる。「ほうっておいても育つものだ」と思いこみたい気持ちもよくわかる。奈摘ちゃんが書いた、四月七日の家族の紹介文は、つぎのようなものであった。

「わたしのお母さんの名まえは、生駒ただえです。わたしのお父さんは、わたしがまだ赤ちゃんのとき、しんでしまったので、お母さんと二人でくらしています。いつも、学校から帰ってくると、ねこしかいないので、つまらないです。でもわたしは、テレビをみたり、へやのなかをそうじしたり、べんきょうしたりして、おかあさんの帰ってくるのをまっています。それから、ねこのトイレをあらったり、ねこのおしりをちりがみでふいたりします」

いまは中学一年になったわたしの娘は、小さいころから、ひとりでへやをかたづけ、買いものをし、わたしの帰りが遅いときには食事の用意をしたりして、とてもよく働く。わたしには奈摘ちゃんがわが娘のように思えた。

わたしの娘も奈摘ちゃんとおなじように、同年齢の子どもとくらべれば、しっかりしていて、みるからにつっぱっているようなところもあり、自分をかなりはっきりと主張するので、友だちからの風当たりも強かった。当然、その心は、つっぱっている顔とは反対に、かかえきれない悩みに満ちていて、わたしのほうも、じっとそれを正視するのはつらく、みてみぬふりをしてしまうときもあった。

奈摘ちゃんもおなじだった。悲しいことに、奈摘ちゃんのさびしさ、いつもひとりぼっちでいることの不安の解消のしかたは、友だちを失う方向にしか進行しなかった。ものを与えたり、おどしたり、暴力を加えたり、悪口をいったりという手段は、被害を受けているものを、登校拒否にさえ追いこんでいた。

当時、山縣慈子ちゃんなどは完全に学校へこられなくなっており、悩みに悩んだ母親が、毎日、いやがる娘をつれて登校させるという状態であった。そのほかにも、奈摘ちゃんに対して、はっきり自分を主張できなくて、からだのぐあいが悪くなり、ときどき休んでいた子もいた。また、クラスのなかに別のグループをつくって、なにかと反発していた子どもたちもいた。また、それらのいやなものいっさいが自分にかかわってこないように、学校のなかではひとことも自分から話そうとしない岡本教枝さんのような子もいた。たとえ、なにかの問いにしかたなく答えても、消えいるような声でしか話さなかった。

奈摘ちゃんが、まず、自分をみつめはじめたのは、大きらいな算数が少しずつわかり始めてきたときであった。わたしは、四月のはじめに、算数で完全に自信を喪失している子どもたちに、徹底的にエネルギーを注ぎこんだのだが、奈摘ちゃんは、それに耐えてくれ、歯をくいしばって努力した。まず、彼女が完全に算数でつまずいているのを、学級集団の目にはっきりとさらした。はやくなんとか算数のおもしろさを少しでも体験させたいと思ったのだ。

それは結果的に、彼女が必死に力でもって友だちを自分の側にひきこんできたものを、ぶちこわしていくことになった。いままであんなにいばって、みんなににらみをきかせていた子が、算数でその力を暴露され、悩まされている――クラスの子どもたちの好奇な目は奈摘ちゃんに注がれ、集団のなかに新しいうねりが発生した。しかし、そういう好奇な目をあえて無視した。それは、ひとりひとりの子どもたちへの挑戦だったのかもしれない。わたしは子どもたちに話した。

「できないのに、できるような顔ですわっているなんて、つらいでしょう。……しんどいよ。……そんなことやめようよ。わからないから勉強にきているんだよ。それを教えるのが先生の仕事なんだ。わたしはそれを教えるために、手取り二十万円という給料を毎月もらっているんだよ。その二十万円というお金は、税金として、みんなのお父さんやお母さんの出したお金なんだよ。だから、先生はなんとしても、それを教えなければならないし、教えるくふうをしなければならない。教え方が悪いとわかりにくいでしょう？　わからないところはわかるまできかないとソンだよ。

奈摘ちゃん、強がりでつくった友だちを捨てよう。まずこういうときは、じたばたしないで、ひとりぼっちになろう。あなたがひとりぼっちになったって、わたしは、あなたがクラスのみんなからきらわれているとは思わないよ。わたしだって、しょっちゅう、ひとりぼっちなんだ。そしてね、いっぱい友だちをつくっている子がいい子だとも思わないし……。

友だちなんて、そうかんたんにつくれるものでもないんじゃないかな。わたしなんかひどいもので、友だちができたのが、三十歳ぐらいだったかな。自分がひとりでいることがさびしくって、すぐ友だちをつくってくっついていたがる気持ちもわかるけど、……そんな友だちを奈摘ちゃんのからだは、ほしがっているような気がしないなあ。……自分がほんとうにほしいと思っているような友だちは、そうめったにできるものでもないと思うけど。……じたばたしないで、まず、ひとりになろうよ。ひとりになって、自分の心に正直になろうよ」

奈摘ちゃんの悩みはひとごとではない。わたしだっておなじなのだ。ほんとうにわかってくれる人を、心底もとめている。ひとり、そういう人がいて、わたしを支えてくれれば、わたしはとても元気に仕事ができる。表面的なほめことばやつきあいには、もう、うんざりした。ふかいところで、生きていることのせつなさ、喜び、悲しみ、感謝、不思議さをともに感じ、このバカなわたしも、ドジなわたしも、うぬぼれやのわたしも、すべて丸ごとひとつのわたしとして受けいれてくれることを、私は求めている。

奈摘ちゃんは友だちをつくろうと自分で一生懸命やることが、裏目にでたり、相手を威圧することばや態度になってでたりで、自分で自分をどう扱ったらいいのか、困りはてているのだ。友だちをビンタしたり、とじこめたり、ものをあげたりして、一生懸命、彼女は、友だちをつくろうとしてきたのだ。

このクラスを受けもったとき、だれもその子のとなりにすわらなかったほど、クラス全員からひどい差別をうけていた牧子ちゃんという女の子がいた。そのおどおどした視線は、教室のなかに、すきまなく、怒りとうらみとあきらめの糸をはりめぐらし、どこに立っても、わたしのからだにひっかかってきた。

自分のテリトリーを維持するために、相手をみず、目をつぶり、肩をつりあげて大声でわめく子、その声をきいているだけで、わたしののどは緊張していたくなり、全身がつかれた。

岡本教枝さんのように、全身の力をぬき、だらっとさせることで、よけいな圧力がかかってこないようにしている子もいれば、かん高い声で威圧したり、ほかを無視して、おしゃべりになることで自分を主張しつづけたり、ドッジボールに強くなること、何かの遊びで人よりうまくなること、けんかに強くなることなどで、自分の存在する空間を獲得しようとし、また、それを手にしている子どももいた。子どもたちがそれなりに知恵をはたらかせて、学級集団のなかでなんとか安心できる自分の存在場所を得ようとするたたかいは、休みなくつづいていた。それは、まさに戦場であった。

その正直なからだは、耐えられる自分の限界をこえると、さまざまな症状をあらわした。チック症状、頭痛、腹痛、せき、自家中毒……。生きているということは、かくもすさまじい戦いをくりひろげなければならないものなのか、いや、そうなのだろう、生きるということは。

しかし、そのたたかいで自滅させてはならない。自滅だけはさせたくない。そのためには、自分をみつめる、自分の生命をもっとマクロとミクロの視点からとらえる、自分の存在を歴史的な流れ、民族や風土のなかでとらえる、それをすべて自分のあり方から出発してとらえる作業が、わたしに必要なように、この子たちにも必要なのではないか。それが、教師としての、人間のおとなとしての仕事だと、わたしは感じている。

自分のからだをとらえることから

●からだを動かし、体験し、イメージする

出沢真理子ちゃんが最初に教室にもってきたアゲハの幼虫は、毎日、子どもたちの観察の対象になっていたが、やがて、それが成虫になるときをむかえた。

しかし、アゲハ第一号の誕生は、さなぎのとまり木の角度がわるかったために、せっかくでてきた羽が、じゅうぶん広がりきらず、しわしわのままかたまってしまった。その奇型のアゲハは、一メートルもとぶことができず、手放したわたしの足元に落下してしまった。子どもたちは、「あっ」といったまま、ことばがでなかった。

「このアゲハのまえには、このアゲハをうんだ親がいて、その親のまえには、その親をうんだアゲハがいて……」。黒板にアゲハを丸で示しながら、ねずみ算式にふえていく先祖をたどっていった。

「こうして、ずうっと、何万年も昔から生きつづけてきて、このアゲハまで命がつながってきたのに、いま、ここで奇型になってしまった。わたしたちが、うっかりしていたために……」。子どもたちは、やっぱり何も言わなかった。何も言わず、みつめていることに、わたしは少し救われた。奇型のアゲハは子どもたちの悲しみのなかで、翌日、死んでしまった。

アゲハ第二号、第三号にかける子どもたちの思いは祈りになった。その目は、第二号の誕生の瞬間をキャッチした。やわらかい羽が出て、それがぜんぶ広がり、かたまったのを確認したとき、子どもたちの歓声と安堵したようすにわたしは感動した。とじこめておくのはかわいそうだと、さっそく教室の外へ放すことになったが、アゲハを見送る子どもたちの声の、なんとやわらかく澄んでいたことか。

稲のモミを子どもたちにみせる。

「このモミは、いま、生きて、息をしているんだよ。水と土のなかに入れれば、芽を出す」

出てきた芽をまえにして話す。

「この小さな芽のさきのさきまで生きている。しかし、あの小さなタネから、どうして、こういう形のはっぱがでてきたのだろう」

校庭の大きなヒマラヤスギをみながらいう。

「この木も、こんな小さいタネのときがあった」

わたしは台所でサトイモやジャガイモが緑の芽を出しはじめたのをみると、包丁で切れなくなってしまう。それでも食べなければならないので、少し庭にうめて、あとは、しかたなく、あやまりながら食べさせてもらう。イモたちの生命のみごとさについ絵筆をとってしまう。こんな状態なので、つい、こういう話をしてしまう。給食でキャベツなどの生野菜が出て、食べられないといっている子に、たとえそれが一年生でも、言う。

「あのね、このキャベツは生きているのよ。いのちがあるの。このいのちがね、わたしたちのからだのなかにはいって、わたしたちのいのちになるのよ。でも、すてちゃったら、キャベツのいのちはそれでおしまいなの。いやだなっと思っても、ちょっとだけいのちさんをからだに入れてみよう。すると、きっとあなたのからだのなかで、あなたをじょうぶにする仕事を、いっしょうけんめいしてくれると思うの」

すると、少しへらしてあげた生野菜は、「いやだ」と決めてかかっていた子のおなかにおさまってしまう。

「ひとと水」の授業（『ひと』百号記念増大号に収録）では、自分のからだの水から出発し、自分のからだの不思議さを、「米づくり」や「技術と人間」の授業では、人間の知恵のすばらしさやおろかさを、「地球の歴史と生命の歴史」の授業では、人間の力をこえたものへの畏敬と不思議さを、「話すこと」「朗読」では、相手の心にことばを届けるということはどういうことかを子どもたちに伝えようとした。そして、さらに、子どもたちのからだの緊張をときほぐし、呼吸を深くしていくことから、からだを敏感にすることを。

したがって、これらの授業では、からだを動かし、体験し、ものをつくり、イメージすることをたいせつにした。からだが感じていることを、できるだけ自分のからだにぴったりすることばや絵で表現させながらすすめていった。

子どもたちの世界がひろがりはじめた
●戦争で死んでいった人の痛さを感じる

こうした授業をするなかで、もともと正直ですなおな生駒奈摘子ちゃんのからだは、どんどんその世界を広げていった。友だちをつくることにしばられていたからだからは、さまざまな感覚の触手が伸び、未知の世界を自身のからだにとりこんでいった。

九月にはいって、「東京大空襲」「日中戦争」「原爆」を、写真と物語――『東京大空襲』(早乙女勝元、岩波書店)、『八月がくるたびに』(おおえひで、理論社)、「おこりじぞう」(山口勇子、日本書籍・教科書)、「一つの花」(今西祐行、光村図書・教科書)――を使って授業したとき、死体の山の写真をまえにしても、彼女の目はけっしてそむけられることがなかった。「わたしは、ふびんでたまりません」。彼女の怒りや、やりきれなさが、おさえにおさえた感情が、からだからにじみでている。

◉しんだ人がふびんでたまりません・・生駒奈摘子

わたしは、しんだ人や、やけどをした人がふびんでたまりません。中国の人を、わたしたち日本人が、いきうめとかにして、ころしていました。わたしは、中国の人を、いきうめにするなんて、ざんこくだと思いました。なんで、ちょうせんの人は、さべつされるのだろうと思った。わたしだったら、ちょうせんの人だって、ふつうのともだちとしてあそんだりする。

わたしは、鳥山先生が、なぜさべつということをいやがるのか、わかったきがする。わたしは、なんだか、さべつということばはだいきらいになった。中国人のひと、いきうめにして、ごめんなさい。

戦争で死んでいった人の痛さが、奈摘ちゃんのからだに伝わってきたのだ。最後の「中国のひと、いきうめにして、ごめんなさい」ということばは、彼女の小さなからだのなかをかけめぐり、授業のあとには身をかがめ、手で頭をおおってしまうほど、いつまでも響きつづけていた。どれだけ、いま、日本のおとなたちが、彼女のように深いところで、この戦争をうけとめているのだろうか。

この授業のとき、ほとんど口をきかず、ひとりぼっちでいた岡本教枝ちゃんも、自分の存在を民族の問題として、歴史の流れのなかで、つかもうとしていた。その作文はここでは紹介できないが、それは大なり小なり、つぎのような内容を書いた子どもたちと、きわだってちがっていた。

◉戦争：桧谷さつき

もし、東京に水爆が一つおちたら、東京の人は全部死んでしまいます。それを聞いて、まずはじめに考えたことは、東京や東京のまわりにすみたくないということです。

中国の人と戦争をして、やたらと中国の人をこきつかっておいたり、ころしたりして、戦争がおわって平和になったとき、よくのこのこと中国に行けると思います。もし日本人が、そんなめにあって、あとで日本に中国人がやってきたら、私はすごくいやな気持ちになります。中国の人だっておんなじ気持ちだと思います。

◉戦争：木原久仁子

人間は、生きている動物や植物を殺して、それを食べていかないと、生きていけない。そして、戦争というのは、自分が生きていくために人を殺す。食べ物の場合は、人を殺さない。そして、戦争のときは、人を殺す。それだったら、人間を食べればいいのに、と思うけれど、やっぱり、人間なんて、食べる気にはならない。なんだか、人間て、おかしいなあと思う。

自分のありのままをさらけだす

●それぞれの悲しみや怒り

「にわとりを殺して食べる」という授業の前日は、子どもたちが学芸会の劇の部に出演するか、音楽の部に出演するかが決められた日だった。わたしが勤務したほかの学校でもそうであったが、学芸会の日は、四年生全体で四十分くらいしか割り当てられないため、音楽の部十分、劇三十分に百八十人の子がふりわけられる。劇出演は学年で二十名、あとは劇のなかでうたう「ごんぎつねの歌」に六十名が当てられ、つまり、劇の部が八十名、あとの百名は器楽合奏と歌の音楽の部を受けもつというふうになっている。セリフを与えられる二十名は、さらに五クラスに均等わりして、一クラス四名ずつ出演ということになっていた。

坂内佳代ちゃんは、一学期から朗読で自分をせいいっぱい表現し、級友の心をつかんでいた。佳代ちゃんは当然、名のりをあげ、ひとり持ち点十点という級友の採点をうけた。ところが、〇・一点の差で落ちてしまった。このときにとおったのは、山縣慈子ちゃん、後藤有理子ちゃん、生駒奈摘子ちゃん、伊藤望美ちゃんであった。

慈子ちゃんと有理子ちゃんが人まえに立つようになるまでの四月からの軌跡も目をみはるものがあったが、佳代ちゃんが落ちたことは、わたしにも痛かった。岡本佳子ちゃん、根岸信江ちゃん、井田徹哉君も落ちたが、彼らは、のちにクラスでやる学習発表会の劇で活躍してもらえるだろうと思ったが、佳代ちゃんのことは、すぐそのようには、わたしの心は切りかわらなかった。

劇のオーディションに落ちた佳代ちゃんは気をとりなおして、つぎの時間、音楽室にむかった。わたしも、音楽の専科の授業に参加した。ここでは、音楽の部の器楽の分担を決めるオーディションがあった。佳代ちゃんは、楽器を受けもちたいという意志を伝えようと、音楽の先生に話しかけようとした。ところが、音楽の男の先生は彼女の意見もきかず、「ああ、佳代ちゃんは歌がうまいから、劇のごんぎつねの歌をやってね」と言った。突然のことで、彼女はひるんでしまい、ついうなずいてしまった。

音楽の専科の先生は、そのとき、彼なりに彼女を生かしたつもりであった。しかし、子どもたちにとっては、劇にでられなかったものが、ごんぎつねの歌になり、楽器の個別パートを受けもてなかったものが、その他大勢の笛と歌になるものだから、意欲のある子にとっては、あまりやりたくないパートに割りあてられてしまうのだ。

わたしは、そのとき、なぜかドキッとして、佳代ちゃんをみつめた。ほかの子どもたちが自分の希望どおり受けいれられるかどうかで一喜一憂しているなかで、佳代ちゃんはうなだれてしまった。一生懸命、自分のうちのお膳をたたいてボンゴの練習をしてきた井田君と牟田君も、根岸君のピアノがもたついてうまくあわず、落とされてしまった。

佳代ちゃんは、ときどき、気持ちをとりなおしたように、友だちのほうをみて、ちらっとその雰囲気にあわせて表情をつくったが、すぐひとりぼっちの世界にはいっていった。そこは外の世界から切断された音のない、暗やみであった。

ポツンとしていた彼女の耳に、桧谷さつきちゃんを選ぶ先生の声がはいってきた。さつきちゃんが、自分のやりたかった楽器に選ばれたとき、彼女の目には涙があふれた。「音楽の先生は、桧谷さんのようにかわいい子にはひいきして、わたしのようにきつい子は、あまりふりむいてくれない」。わたしには、彼女の目がそういっているように思えた。

働き者の父親が糖尿病をわずらい、母親が、学校から佳代ちゃんが帰るのを待って仕事に出かけ、彼女が学校へいくころには、夜をとおして仕事をした母親は早朝に帰宅して寝ているという生活をしていた。ちょうど、そのオーディションの日は、入院中の父親の容態を気づかっていた佳代ちゃんが、「先生、あのね、きょうね、パパが退院してくるの」と、教室にはいったわたしに、こっそり報告にきてくれた日だった。そのときのなんともいえないうれしそうな顔と、親を思い、親に心配かけまいと、けなげにしっかりと生き、だれからも、「佳代ちゃんはしっかりしている」といわれるほどにがんばっているその姿と、いま、少しはなれたところで涙をためている姿とが三つ重なり、わたしは悲しかった。

オーディションは終わった。「鳥山先生、なにかありませんか」と音楽の専科の先生がいった。「ええ、ちょっと」。わたしは、子どもたちのまえに立った。

「みんなは、自分の希望どおりいくかどうかで心配だっただろうから、人のことを考えてみようなんていうほうが無理なのかもしれないんだけど、きいてくれる?」

わたしは緊張した声で話しだしたが、子どもたちは一瞬、なにごとがあったんだろうとからだをこちらにむけた。ほかの子どもたちは、毎日、母親におこしてもらい、朝食をとっているので、おなじ年の佳代ちゃんがどう生きているかに思いをよせることはあまりない。わたしは子どもたちに佳代ちゃんのことを話した。なんとかオーディションに合格しようと練習した日々のことや、さっき大熱演にもかかわらず、落ちてしまったこと……。

佳代ちゃんのくやしさが子どもたちのからだに伝わりはじめたのか、きいていた子どもたちは泣きだした。

それは佳代ちゃんに対しての涙だけでなく、佳代ちゃんとおなじように悲しみや怒りやどうにもならない運命をかかえて生きている自分をそのまま、他者のまえにいっさいの思惑を捨ててさしだすことであった。

子どもたちが見つけたもの

●子どもたちの作文から

音楽がおわって教室にもどったが、みんな泣いていて授業はできない。自分の気持ちの整理のために作文をかいた。いまの気持ちを友だちに伝えたいというので、作文を読んでもらうことにした。

◉なきだしてしまった…庵律子

坂内佳代さんは、合そうのほうがよかったのに、ごんぎつねの歌のほうにいってしまった。私は気づかなかったけれど、ないていた。先生は、坂内さんの気持ちのことをはなしていた。先生も、なみだがでていた。私もでてきた。でも、そんなにでなかった。そして、私は心のなかで、(おかあさん、坂内さん、かわいそうね)と思ったら、なみだがどっとでてきた。おかあさんのこと、思いだしたくない、と思っても、思いだしてなみだがどっとでてきた。

教室へかえるとき、かおをかくしてかえった。みられると、こまるから……。かえってからも、たくさんでた。やっぱり、おかあさんのことを思いだしたから……。今、かいていても、おかあさんのことをかくと、なみだがでます。

小さいときに両親がなくなり、すぐ「おかあさん」となつくほどやさしいおばさんに育てられている律ちゃんだが、この悲しみは、彼女一人しか背負うことができない。

◉みんなが心配してくれた…坂内かよ

私のことを、みんな、心配してくれました。

音楽の時間、私は、ごんぎつねのうたをうたうことになりました。私は、うたをうたうのがすきだけど、げきにおちた私は、合奏をやりたいと思ったのです。私はいやでした。うたをうたうのが、とってもいやでした。そしたら、桧谷さんだけ、ごんぎつねのうたをやらなくてすみました。私は、どれだけ桧谷さんがにくかったかわかりません。本当に、とてもにくかったのでした。

こんなにいろいろな人たちが、私のことを心配してくれて、とてもうれしいです。私は、みんなに、「ありがとう」としか、いえません。

教室にもどってきて、私は、きょうだんのところにすわりました。そしたら、いこまさんが、

「かよちゃん、だいじょうぶ。お父さんがいないことと、お父さんが死んじゃったこと（生駒さんのこと：鳥山）とは、どっちもいやよね」っていってくれました。他にも、いろいろ。みきちゃんだって、「がんばろうね」っていってくれました。岡本よし子ちゃんだって、「ごんぎつねで、がんばろうね」。

私は、みんなのその一言で、とてもうれしかったんです。四年五組のみなさん、先生、どうもありがとう、本当にありがとう。私もくじけないでがんばります。本当にありがとう。

いこまさんより、ずっと、私のほうが幸せです。これからも、ごんぎつねで、がんばりたいと思います。

そういう佳代ちゃんの気持ちを、佳代ちゃんになにもいわれないのに、桧谷さんはちゃんと感じて、とらえている。

◉私はとてもぜいたく：桧谷さつき

音楽の時間、がっそうをやる人と、ごんぎつねの歌をやる人とをわけました。私は、ふだんから高い声が出ないから、ごんぎつねのほうへはいきたくありませんでした。つぎつぎと、ふえの人や、自分のがっきからおとされた人がえらばれました。私の名前がよばれたとき、ドキッとしました。そして土ひ先生に、「あなたは、げきよりかがっそうのほうがいいでしょう」といわれて、「ハイ」と安心してこたえました。でも、坂内さんの目からなみだが出ているのに気がついて、私は自分もげきへいけばよかったとこうかいしました。

先生が、「あまのくんたちは、やりたいとわがままをとおしたのよ」と言ったとき、またドキッとして、とりはだがたちました。私もわがままをしたのに、先生は私の名前をいいませんでした。先生がはなしをすすめていくにつれて、みんなの目になみだがうかんできました。私はなみだが出そうなのをがまんしました。のどのあたりがキューンといいたくなりました。おもわず、「ごめんなさい」と大声でいいそうになりました。

私には、一日中、お父さんとお母さんがいる。すごくぜいたくみたいです。

人まえであまり泣かなかった奈摘ちゃんだったが、一学期後半からは、あまり強がらないようになってきていた。このとき、奈摘ちゃんは、もう、どうしようもなく泣きくずれていた。

◉音楽室で、鳥山先生がはなしてくれたこと：生駒奈摘子

鳥山先生が、音楽室で、なぜ坂内さんがないたのかをはなしてくれた。「坂内さんは、おとうさんが、にゅういんしていないのよ。おかあさんは、夜はたらきにいって、朝かえってきてるのよ」と、鳥山先生は、なみだをながしながら、いってくれた。鳥山先生がはなしたことは、とってもよくわかりました。

わたしには、おとうさんがいないからです。いまは、おかあさんは、朝からゆうがたまではたらいているけど、まだわたしが、ひよこさんのときに、おかあさんが、朝と夜はたらいていて、いつも、ほいくえんからかえると、「おかあさん、どこいくの」といっていました。でも、わたしがいつも、お丸に、うんちとか、おしっこをしてるときに、おかあさんが、夜の会社へいってしまうのでした。おかあさんがいなくなると、いつもお丸だけがのこっていて、いつも、お丸のなかになみだがいっぱいはいりました。

おかあさんのかえってくるのは、まだ、まっくらな二時ごろにかえってくるのでした。たまに、その時間までおきてると、「こら、まだおきてるの」といわれたものです。

奈摘ちゃんは、長い時間をかけて読みおえた。

「おかあさんがいなくなると、いつもお丸だけがのこっていて、いつも、お丸のなかになみだがいっぱいはいりました」。「お丸だけがのこっていて」ということばをわたしは、きっと一生わすれないと思う。

そして、あのいちばんおとなしい岡本教枝ちゃんは、みんながないているなかで、その悲しみやつらさを共有したうえで、もうすでに、学級でやる三月の劇発表会にむけて自分のからだを一歩まえへおしすすめていた。なんとか、この劇を契機にして、自分をつつんでいるよけいなものをとっぱらおうと、飛躍しようと、彼女の気がつかないうちに、そのからだは燃えはじめていた。

◉四—五のげきのこと：岡本みちえ

わたしは、四—五だけのげきで、「花さき山考」の、うめのやくと、「小さなおしろ」の、ねずみと、「どんぐりと山ねこ」の、リスの三やくをやります。わたしがでるやくの、話すことは、すくないけど、だれのつぎにやるとか、ちゃんとおぼえてなければいけないし、せりふもぜんぶおぼえなければならないし、ようふくとかもつくらなくちゃいけないからです。やくしゃの人は、たいへんだと、わかりました。

後藤有理子さんは、三年生のとき、学級集団のなかに自分をうまく適応させることができず、友だちや自分に対して、彼女の思いや考えを自分のからだで正直に表現できず、もんもんとした日々を送っていた。くちびるをいつもきゅっととじて、あまり友だちともふざけず、ひとりぽつんと、うつむきかげんにすわっている姿は、子どもとは思えないほど、深い悩みをかかえているように思えた。ときどきふざけることがあっても、彼女は、いつもさめていた。

それが四年生になって、さまざまな事件が起きるべくして起きてくるなかで、彼女は、それらに真正面からむかっていけるようになってきた。そこで起きてくる問題を自分のこととして受けとめていったのだ。自分をたしかめたしかめ、彼女が自分の道をつくりあげていくことが、ときには、友だちの気持ちを無視してしまうことになっていたと彼女は反省している。わたしからみれば、もっとはみだしていってもいいくらいに思うのだが、その点についても、彼女の吟味はおよぶ。

◉先生と友だち：後藤有理子

はじめての女のたんにんの先生。でも、おとこの先生より、ずっとこわくて、ずっと勇ましくて、ずっとみんなのことを考えていて、ずっとずっと、やさしい先生。わたしは、先生が、だいすき。先生の口は、わたしたちに、いろいろなことをおしえてくれ、また、おもしろいお話をしてくれる口。先生の目は、わたしたち一人一人を見つめてくれて、なにもみおとさない目。先生の耳は、めんどうでも、一人一人の話をきいてくれ、なに一つきかないことはない耳。

がいけんとまったくちがった心の先生。やだな、と思ったこともあるけど、やっぱりだいすきな先生。先生のお話は、わたしが、ねっちゅうするお話ばかり。それに、友だちやしりあいがいっぱいいて、その人のことや、その人とあって話したことや、なんでも話してくれます。

きょういった、かよちゃんのこと、かんどうして、なんだか自分がみじめになったけど、なみだはでませんでした。なぜかはよくわかりません。でも、かよちゃんがそうだったなんて、ちっともしりませんでした。なんとなく、とっつきにくくて、あまり、すきじゃなかったかよちゃん。なんだか、とっても、とっても、わるかった気がします。なんで、かよちゃんがそのことをいわなかったのか、だいたいわかるような気がします。わたしだったら、みんなにいってしまうと思います。

「かよちゃんって、あんまりすきじゃない」なんて思ってしまって、ほんとうに、ほんとうに、わるかったと思っています。かよちゃんに、手をついてあやまりたい気持ちです。これも、みんな、先生のせいだと思います。(先生には、わるいけれど。)だって、先生のために、わたしは、強くなりました。そして、強くなりすぎて、かなしい思いをしている人の気もちがわからなくなって、こんなふうになったのです。わたし自身が、おかしくなってしまったのです！　これからは、もっともっと、人のことを考えたいと思っています。

「にわとりを殺して食べる」授業について

●前回、書けなかったこと

「にわとりを殺して食べる」という授業は、こうしたことのあったつぎの日に行なわれた。しかも、登校拒否をしていた長尾猛君という、つりの名人が、十月からわがクラスの仲間にはいってきて、長尾君の影響で、なんとなくつりブームがクラスの男の子たちのあいだに起きていたときだった。

生駒奈摘子ちゃんは、このとき、最後までにわとりを抱いて泣いていた子だった。そういう奈摘ちゃんを見ると、わたしのからだは自然に動いてしまう。まさか、わたしも、彼女のいちばんだいじにしているにわとりを殺すようになるとは思いもしなかった。しかし、泣きくずれて、どんどん自分を解き放っていって、自分でも自分をどう収拾していいのかわからなくなってしまっている奈摘ちゃんをみて、わたしは、何かにつかれたように挑戦しはじめた。

学習発表会でやる「よだかの星」には、絶対、奈摘ちゃんを出演させようということまで、このとき、わたしは考えた。殺されるにわとりを、肉親のようにいとおしく抱きつづけていた奈摘ちゃんは、じつはわたしの姿でもあった。それをなんとかつきぬけようとするわたしが、奈摘ちゃんの一歩さきを歩いてみて、彼女にはたらきかけ、彼女がどうするかで、わたしはわたしの道をさぐる……。奈摘ちゃんだけでなく、ほかの子に対しても、しぜんにわたしはそうなってしまうのだが、どうもそこのところが、前回の原稿では書けていなかった。

ことしの三月になって、「戦争と人間を考える」という題で、奈摘ちゃんはこう作文に書いた。

◉戦争と人間を考える：生駒奈摘子

にわとりの友だちを、いじめる。こういうことを考えると、頭、背中、足のうらがいたくなる。

わたしは、人間という動物のことが、もうぜんぜんわからない。

わたしは、四月に、わるいことをして、人をいじめてしまった。心を、きずつけてしまった。でも、そのわたしは、いま、いじめられている。もうわたしという人がわからない。

新しい自分に出会う

●母親たちも巻きこんだ演劇発表会

「原爆から原発へ、生命を考える」という一連の授業のひとつ、「新宿に原子力発電所をつくるとすれば」という授業（百二十六ページ参照）を行なったのは、一年かけてとりくんできた学習を発表する「発表会」の直前だった。その発表会はクラス全員が出演して、さまざまな劇を上演するものだった。

子どもたちのことばや声が相手に関係なく流れでたり、うつろになったり、小さくなったり、奇声をやたらと発したりということが、わたしには気になってしようがなかった。そこで、「自分のからだとことばを一つに」「自分のからだと声を一つに」「相手の心にとどく声やことばを」という、ことばの本源的なところに立って、声・ことばを発することを、わたしは授業のなかで重視した。

自分のからだや感覚に正直にことばを発するという朗読、ことばにふれて動いてくるからだにまかせて朗読するという学習を始めたのは、この四年生を担任したそのときからであった。それは、「おはようございます」「さようなら」という日常の会話から、日直や係などで人のまえに立つときのからだのあり方までを含めて展開した、「話す」「読む」「語る」という朗読の授業であった。

私は、その朗読の発展したものとして劇をとらえていた。朗読も劇も、ことばにふれ、ことばでもって自分と他者にふれるということではおなじであった。このことについては、竹内敏晴著『話すということ――朗読源論への試み』(国土社)にかかれているので、読んでいただきたい。学習発表会の劇出演は、お客である父母や友だちをまえにして、自分をのっぴきならない舞台に追いこむ、そのなかで、新しい自分と出会うというものであった。

わたしは、お母さんたちにも劇に参加するよう呼びかけた。数人のお母さんたちで、さっそく実行委員会がつくられ、台本の選択がおこなわれた。上演するものは「てんぐの花」になった。配役やプランが立てられ、曲づくり、舞台衣装づくり、照明など、細かい打ち合わせが何度かもたれた。わたしも天狗で出演させてもらったが、追いつめられなければセリフの練習をしないというくせがたたって、セリフを覚えたのがいちばんおそく、みんなをはらはらさせてしまった。

放課後の教室や、近くの区民センターをかりての練習のなかで、後藤有理子さんや、伊藤望美さんのお母さんが自分をさらけだしていったが、それは、恥ずかしさでつい笑ってしまったり、思いっきり自分を出せなかったりしていたお母さんたちに、自分と向かいあうことを余儀なくさせた。

わたしはといえば、子どもたちのまえで演じて自分を出すということで、まえに竹内演劇教室でもった公演とはちがった緊張で、内心おだやかではなかった。発表会が近づくにつれて、「もうここまでくればやれるだけやるしかない」というお母さんたちのことばに、わたしもはげまされた。セリフ覚えのわるいわたしのために後藤有理子さんのお母さんは、時間をとって夜おそくまで特別レッスンをしてくれた。「胃が痛い」「食欲がない」と言いだすお母さんが出てくるなかで、時間だけは刻一刻と近づいてきた。

九月から曜日ごとにわかれて子どもたちは劇づくりにとりくんでいた。その総仕あげとして子どもたちが上演するものは、つぎのようなもので、それらは、いずれも、一年間とおして子どもたちの心に問いつづけた作品であった。

「よだかの星」「清六てんぐ」「どんぐりと山ねこ」「ごんぎつね」「小さなおしろ」「おおかみがきた」「花咲き山考」「空気のなくなる日」「どくがめ」「うりこひめとあまんじゃく」

これだけのものを一クラスの子どもたちでやるのだから、当然、ひとりが三役、四役はやる。配役は子どもたちの希望を入れながらも、できるだけ、その役にはむかない子を選んでいるので、一月から放課後を使っての練習に立ちあったわたしは、その日その日で全エネルギーを使いきってしまうことになった。なさけ容赦のないことばを子どもたちにあびせかけた。このころは、もうどんなことばにもへこたれない強さを子どもたちはもっていたので、役をおりるものは一人もいなかった。か細い声しか出せない伊藤ふじ美さんや岡本教枝さんだったが、だんだん声に重量感がでてきた。呼吸を深くするくふうをしたり、からだをほぐしたりして、いままでになかった存在感をからだが感じるように試みてみた。

『原発ジプシー』（現代書館）の著者・堀江邦夫さんを迎えたのも（六十六ページ）、「新宿に原発をつくるとすれば」の授業を計画したのも、こういう時期のまっただなかであった。とくに「新宿に……」は、二日後が発表会という、一分一秒が子どもたちもお母さんたちもムダにできないときであっただけに、学年最後の父母会をその授業にあてるということにした。

しかし、この父母会に、親子でいっしょに考える授業をいれたのは、時間がないという物理的な問題だけではなかった。「にわとり殺し」にしても、「田植え」「いねかり、脱穀」にしても、「堀江さんの原発の話」にしても、つねに、子どもたち、母親たち、わたしはいっしょであった。

米づくりの授業のことは、紙数の関係でここではふれないが、「戦争と人間について」と、この「いのちを考える」シリーズの授業は、子どもを毎日、育てている母親たちと、どうしてもいっしょに考え、とりくんでいきたい問題であった。いうまでもなく、子どもたちの生命を守り、育てる責任のあるのは、まず、わたしたちおとなであり、母親であり、教師であり、人間であるのだから。

子どもたちの生命を守り、未来の安全を保障するという一点に、おとなたちのくもりのない心が集まるならば、子どもたちの心になんらかの力を与えることになるにちがいない。子どもたちの真剣に考えている姿がおとなたちの心をゆさぶり、おとなたちの真摯《しんし》な姿が子どもたちの心をゆさぶるという、両方の相乗作用が、ともすれば暗い未来を描きがちなニュースの多いなかで、わずかながら明るい期待が描けるようになっていけたら……いや、いけるのでは……。

それには、理屈以前に子どもたちと母親たちがともに学び、考えあうという状態をつくりあげなければ。子どもたちも母親たちも安心して自分が受けいれられるという基盤が、まず教室になくては……。ささやかな、しかし、だいそれた期待と希望が、少しずつ少しずつわたしのなかでふくらんできていたのだった。

三月十四日の発表会は、午前九時からはじめて午後四時三十分に終了、かたづけを終えたのが午後六時と、九時間におよんだ。教室を舞台に大改造しての劇発表は、出演した母子、観客を興奮させた。母親や父親はあらためて自分の子どもにほれなおし、子どもたちは母親をみなおすことになった。いろんな都合で出演できず、観客にまわったお母さんたちのなかには、出演できなかったことを残念がる人もいた。仕事で忙しい人も、なんとか都合をつけてみにきてくれた。

母親たちの手づくりのさしいれや弁当をほおばりながらの昼食と、終了後の一服は、さながら四年五組の祭にふさわしく、なごやかであった。感激した庵さんのお母さんは、みたあと、三日もかけて、ひとりひとりの子どもたち全員に講評と感想を寄せてくれた。

後藤有理子さんのお母さんは、こんな感想を寄せてくれた。

「ほんとうに、ひとりひとりの子どもたちが、それぞれのやり方で自分を表現しようとしている。一生懸命、何かにたちむかっている。これほど感動的な光景を目にしたのは久しぶりのことだった。劇を見ていくにつれ、〝こりゃあ、負けちゃいられない〟という思いがつのってきた。そこには、おとなと子どもなんていう、少々ウサンクサイ立場のちがいを越えた、対等の火花の散らしあいがあった。私のなかに、子どもたちにみせるという意識はかげも形もなくなり、ただひたすら役になりきりたいという気持ちだけが残った」

授業2

原子力発電所とゴミ

『原発ジプシー』の著者・堀江邦夫さんを迎えて

堀江さんを迎えるまで

なぜ、原発をとりあげたのか

●放射能をからだで感じる

友人から送られてきて、何か月もそのまま放置していた『原子力発電とは何か……そのわかりやすい説明』（現在、「野草社」から出版されている。著者は「緑の会」）を手にしてみた。

ここに書かれていることはほんとうだろうか。かなりオーバーに書かれているのではなかろうか。どうもこういう、どこか人を扇動するようなにおいのする文章はわたしの体質にはあわないのだが、著者たちは事

★

実をゆがめて書くことで何かの利益を得るような人たちではないだけに気になった。なんとか原発の問題点を世の人に訴えようとして、こういう書き方になっているのだろう。とにかく行って確かめてみよう、と思った。

この本の編集責任者・広瀬隆さんは、誠実でもの静かな感じの人であった。原子力発電所を誹謗《ひぼう》することで利益を得るような人でもなかった。それどころか、自分たちのやっていることはまちがっていないだろうかと、たえず反省しているような人だった。広瀬さんと会って、わたしはもう少し腰を落ちつけて、じっくり自分のからだで原発のことを調べてみたくなった。

では、いったい、原発を推進している側は、どういう考えでやっているのだろうか。友人・同僚の力を得て調査し、資料集めにはいった。このほうは、驚くほどかんたんに手にはいった。原発推進に関する映画だ

堀江邦夫さん。

けでも百本は軽くこえ、原発の必要性を強調したパンフレット、本は、大量に無料で電力会社や原子力開発関係から手にはいった。

入手する際に、担当者はていねいに説明してくれ、どんな質問にもこころよくこたえてくれた。彼らはもちろん、放射線をまきちらして喜んでいるような人ではなく、真剣に日本のエネルギー問題を考えていた。日本人の核アレルギーをなんとかしたいと、彼らなりにとりくんでいる人たちだった。しかし、放射性廃棄物については、「そのうち解決されますよ」と、現時点では決め手はないという説明だった。手にはいった資料を読めば読むほど、ことの重大さが気になった。

廃棄物から出る放射能の毒性は、プルトニウムで半減期が二万四千年、ヨウ素は半減期が千六百万年ということばが頭からはなれなかった。気の遠くなるような未来にまで放射能汚染をのこしてしまうかもしれない、このやっかいな原発。廃棄物がすでにたくさんできていて、それをひやしつづけていなければならないなんて。石油がたりなくなるんだからしかたがないと、心のどこかで思っていた原発が、こんなに大きな問題をかかえていたなんて。石油エネルギー資源を百パーセント近く海外に依存している日本……。石油がたりなくなるという将来をのりこえるためにこそ、原発はかがやかしいものとして心のどこかで期待していたはずだったのに。

原発を宣伝するパンフレットの洪水は、わたしの不安を大きくした。世界で最初の被爆国・日本人の核アレルギーをなんとかやわらげようとして、真剣にとりくんでくれていることなのかもしれないが、この宣伝にかけるエネルギーの大きさは異様だ。

ルドルフ・シュタイナーのいうとおり、十歳の子どもたちは、まず感情でうけとめ、感情で判断する年ごろである。したがって、授業は子どもたちの感情にはたらきかけ、その無意識の世界にはたらきかけていくことでしか成立しないだろう。放射能に対して、慎重に対応できるからだをつくれるのは、この年ごろではないだろうか。まかりまちがえば人類を滅ぼす威力をもっているものとして、放射能をからだで感じ、からだでうけとめるような授業にしていこう。

危機感がさき走って、子どもたちが反原発をかんたんに唱え、思考を停止させてしまうことのないようにしなければ。

放射能をどううけとめるかによって、人類の存亡は決定されるものと考えても、けっしてオーバーではないのではなかろうか。

いのちのもとは、どこにあるのか

●「人間とごみ」の授業

「原爆から原発へ」の授業を、いのちを考えることと、もう一方、「人間とごみ」の授業との両方から組みたてていくことにしてみたらどうだろうか……。そう考えて、「人間とごみ」の問題を授業に組みたてはじめた。

『ひと』九十八号にのった城雄二さんの文章（「食べることと生きること」）は、わたしの「人間とごみ」「原爆から原発へ」の授業を、もう一歩すすめるためにいいヒントを与えてくれた。そのなかでもっともわたしの心に残ったものは、「これからうまれてくるいのちのもとは、いま、どこにあるか」というところであった。いのちを食べものとの関係のなかで、食べものを空気・水・土との関係のなかでとらえることをしつかりつかめれば、なぜ、空気や水や土に毒を入れたらいけないかがわかるだろう。

画用紙を細かく切った。てんびんを学習しているので、正確にはかることにする。六グラムあった。

「この紙を燃やしたら、どうなるだろう?」

「灰になる」

「灰になったら、重さはどう変わるだろう?」

「軽くなる」という者がいちばん多かったが、「変わらない」「重くなる」という子もいた。ピンセットで画用紙をつまみ、火をつけた。燃えているようすをよく観察させた。燃えたかす、灰の重さをはかった。

○・五グラムに減っていた。
「五・五グラムはどこへいったのだろう?」

ここでは、ものはすべて原子からできていて、原子の種類や組みあわせ方によってちがうものになるが、原子そのものの数はへらないし、なくなりもしないことを教えた。ものはすべて原子からできていることを理解させるのはかなり無理なのではないかと思ったが、予想以上に子どもたちは聞きいっていた。『もしも原子がみえたなら』(国土社、板倉聖宣著)の絵本と原子の模型も使った。

人間の食べる植物は、土と水と空気をもとにして、日光がつくりだしている。それを動物が食べ、その動物を人間が食べ……というようになっており、食べもののいちばんもとをたどっていくと、土と水と空気へたどりつく。このことをていねいに話していった。

「あなたたちは、まだ子どもだけれども、いつかは、お父さんやお母さんになって、子どもを産んでもらったり、産んだりするね。もちろん、産むのがいやだっていう人がいるかもしれないけれど、だいたい産むよね。さあ、そのいのちはいま、あなたたちのおなかのなかにはないけど、そのいのちのもとになるものは、いま、どこにあるのだろう。まだ、点にもならないいのちのもとは、どこにあるのだろう」

一瞬、きょとんとしている子もいる。しばらくさまざまな意見がかわされたが、「土、水、空気」にたどりつくまでには、それほど時間がかからなかった。

「だって、人間は食べて生きているでしょ。その食べもののもとは、すべて、土と水と空気、それに日光の力が加わってできるのだから」

「そうなんだね。ではね、もし、水に人間に害がなくなるくらいにうすめた毒をすてたら、どうなるのだろうか、考えてみよう」

ここでは生物濃縮について説明し、イタイイタイ病、水俣病にふれる。どんなに毒をうすめても、それがちがったものに変化しないかぎり、毒は、生物から生物へとめぐっていくあいだに何十万倍もこくなり、人間のいのちにはねかえる。空気を汚してもしかり。土を汚してもしかり。

わたしにつづく「いのち」になるもの

●子どもたちの詩

これから自分のからだに宿ってくるいのちに思いを寄せて、詩をかかせる。題は「わたしにつづくいのちになるもの」。

◉梶圭子

土とか水とか空気とかに
これから命になるものが

たくさんある。
それからわたしの命になるものを
どうやって決めるのかな。
決まったら、いつ私のところへくるのかな。
土や水や空気をよごすと
「よごしたからきてあげない」
なんていったら大変だ。

◉庵律子

私は初めて知った。命のもとは、土、水、空気のなかにある。見えないが、そのうち見えるようになってくる。信じられない。でも本当なのだろう。

◉桧谷さつき

この世界には、私がやがて作る命のもとがころがっている。今までは考えたこともなかった。土、水、空気、日光がこの世から消えてしまったら、赤ちゃんはうまれない。それどころか産む人が死んでしまう。土と水と空気と日光は人間のたからだ。

このあと、直径一メートルの気球を用意して地球と仮定し、空気の厚さを想像させた。全員が一メートルの気球を目のまえにして、まさか、空気の厚さが一ミリぐらいだなんて思いもよらなかったようだ。二〇センチメートル―六人、十五センチメートル―二人、十三センチメートル―四人、十センチメートル―二人、八センチメートル―二人、七・五センチメートル―一人、七センチメートル―三人、六センチメートル―二人、五センチメートル―八人、三センチメートル―五人、二・五センチメートル―五人。空気の量を問題にしたのは、空気の汚れを地球規模でイメージさせたかったからである。

授業のイメージをつかむ

●『原発ジプシー』と出会う

私は、かたっぱしから本を読んでいった。むずかしいところはとばしてどんどん読んだ。

『わかりやすい原子力』（日本原子力文化振興財団）、『やさしい原子力の話』（日本原子力文化振興財団）、『人類と核エネルギー』（日本原子力文化振興財団）、そのほか、原子力文化振興財団から出しているパンフレット多数。

『原水爆実験』（武谷三男、岩波新書）、『原子力発電』（武谷三男、岩波新書）、『反原発事典I、II』（現代書館）、『原子力と安全性論争』（技術と人間）、『原子力発電の危険性』（技術と人間）、『原子力発電とは何か』（野草社）、『原発はなぜこわいか』（高校生文化研究会）、『原爆から原発まで上・下』（アグネ）、『生きて生きて』（原水協）、『石油と原子力に未来はあるか』（槌田劭、亜紀書房）、『ビキニ』（島田興生、ＪＰＵ出版）。

友人の高崎明さんが入手してきた武谷三男さんの講演テープもくりかえし聞いた。

原発の歴史やしくみ、役割、現状、危険性、事故などをこれらの本をとおして知っていったが、しかし、エネルギー問題や放射性廃棄物から人間を考えるという授業のイメージはわいてこなかった。授業を進めるうえで、いちばんだいじなはずみが私のからだのなかにわいてこなかった。理屈でなく、まずからだで原子力発電所にはいっていけるような、人間のナマの、熱い血の流れている、それでいて気負いのないたんたんとしたもの……。そういうものがなければ、とても授業にはならない。

そういうものがないと、教師であるわたしは、無意識のうちに、一方的に自分の考えを押しつけたり、わたしのペースにあわせる子をつくってしまったりする。もしわいてこなかったら、四年生では、いちおうかんたんに三つの発電所（水力、火力、原子力）を教えればいいことになっているので、映画をつかってそれを紹介してすませたっていいではないか、と思いなおし、なにがなんでも原発を、という気負いをいったん捨ててみた。

『原発ジプシー』（堀江邦夫著、現代書館）に出会ったのは、こんなときであった。ショックだった。一気に読み終え、すぐ、堀江さんに会ってみたいと思った。

原発は、一年に約三か月、定期検査といって炉をストップさせ、安全点検とそうじをする。そのためにたくさんの労働者が集められる。彼らの多くは、原発周辺の農民や漁民である。彼らを〝ジプシー〟というのは、全国に現在二十二ある原子力発電所を点々とわたり歩いているためである。『原発』という写真集（オリジン出版センター）で、被曝の代償として日当四、五千円を得ている労働者がいることは知っていたが、「ひどいなあ。でも、自分からお金につられていったのじゃないか」という思いを一方に強くもっていたので、そのことについては深く考えていなかった。

原子炉のなかで働くということはどういうことなのかを、電力会社の社員としてでなく、もっとも底辺の一労働者としてもぐりこんだ堀江さんの生き方にショックをうけた。彼が原発のなかにもぐりこみ、生命をかけて、あまり公表されていない部分をさぐろうとしたことに感動した。彼のとった行動をもしとがめるものがいるとすれば、原発の危険性をほんとうはよく知っており、それをひたかくしにかくしたいと考えている人たちだ、そのことによって不利益をこうむる人たちだ、とさえ、わたしはこのとき思った。

わたしには、どうしてこういう労働者の存在が新聞に大きくのり、国民の話題としてとりあげられないのか、納得いかなかった。原発について調べれば調べるほど、「原子力発電については、さまざまな考えがあり、慎重に対処しなければならない」という、わざとあいまいにしたとしか思えない記述がやたらと目につく。原発を積極的に支持するなら支持するで、それなりの納得いく理由を、どんなに都合のわるいと思われる事実をも国民のまえに提示して論議をすればいいものを、と心底、思う。

わたしたちはいま、もうすでに原子力発電所から送られてくる電気をつかっているのだ。望むと望まざるとにかかわらず、もう使っているのである。しかも、それは、十万人をこえる被曝した労働者の犠牲によって送られてきた電気なのだ。

「何いっているんだ。彼らは、好きで、自分から望んでそこで働いているのだ。勝手じゃないか」という人がいるかもしれない。わたしも金とひきかえに被曝する人のことが理解できない。ひとりひとりの意志で被曝とひきかえにお金をもらっているのだから、ほかの者がとやかくいう筋のものではないのかもしれない。しかし、彼らがいなければ原子炉は動かない。それなのに、彼らの存在さえ一般の人に気づかされていないのは、どうしてなのだろう。

子どもたちが疑問をもっている放射線や放射性廃棄物は、彼らにとってこそ、もっとも大きな問題であること、つまり、放射線を直接、大量にあびながら放射性廃棄物の処理にたずさわっているのは、彼らなのであるから。原子力発電所を知ることは、まず彼らの存在、彼らの仕事を知ることだ。もっとも底辺で原子炉を支えている人たちの存在を知ることが、原子力発電所をもっとも身近なものとして、人間くさいものとして、とらえられるようになることではなかろうか。

原発の下請け労働者を中心にすえて

●堀江さんと会う

『原発ジプシー』には、堀江さんという人のやさしさがあふれていた。被曝を覚悟の彼の生きざまは、自分の利益で動いているのではないことを感じさせる。原発の影に挑む彼には、よけいな無理が感じられない。一度、彼に会ってみたい。もしできることなら、わたしの授業のなかの「原子力発電所のそうじ」の部分を受けもってもらえたら……。

彼が病気で何回か倒れたため、二回ほど会う機会が流れた。彼が回復した一九八〇年十二月、やっと会えた。びっくりした。わたしのまえにあらわれたのは、『原発ジプシー』の本の写真の、一見たくましそうな青年ではなく、もの静かな、やわらかな、それでいてシンの強い色白の「青年」であった。

これでもう、授業の方針は決まった。ウラン二三五がどうの、プルトニウムがどうのなどという、原子力発電所のしくみを教えこむことは、まずやめよう。それはすべて映画を使うことにして、彼と子どもとの出会いを中心にすえよう。もし彼がほんものなら、子どもは彼の口から語られるものを受けいれるし、もし彼が何かよけいな意図をもって子どもに接しようとすれば、子どものからだはそれをはじきだすだろう。両方の出会いが勝負だ。労働のひどさをオーバーに口にしたりしないで、彼自身がほんとうに体験したことだけをそこで語ってくれればいい。けっしてけっして、原発反対などと子どもがかんたんに口にするような授業展開はしないように。

原発推進側の映画を見る

●いのちをかけて守る

一月二十日、お母さんの牟田さん、坪井さん、伊藤さん、川船さんの協力を得て、大手町の原子力文化振興財団へ出かけていった。親切に映画の説明をしてくれて、六本のフィルムをかしてくれた。

一月二十一日。かりてきた映画をみせた。まず、「水力、火力、原子力」という映画で、比較的に子どもたちにもわかりやすい映画だった。つぎは、「原子力発電所をたずねて」という映画で、小学五年生の男の子二人が、原子力発電所をたずねるというものだった。大阪弁でおもしろおかしく話すので、子どもたちもいっしょにわらいながら楽しくみることができた。三本目は、「放射線管理」というものだった。

この映画は、もうどのクラスも下校した放課後にみせたので、わたしは、申しわけないなあという気持ちだったのだが、子どもたちは熱心にみてくれた。男の子二、三人が「早く帰りてえなあ」といっていたが、そういいながらも、フィルムがまわりはじめると、熱心にみてくれた。ありがたいことだ。三本を見終わったあと、子どもたちに言った。

「あした、きょう見た原子力発電所で働いていた堀江邦夫さんという人にきてもらって、そこでどういう仕事をしたのかということをあなたたちに話してもらおうと思うの。一学期から〝人間とごみ〟ということを勉強してきたけど、あしたは、原子力発電所からでるごみを、どういうふうにしてそうじし、始末しているのかを話してもらおうと思います。もうおそくなったから、家で、いま見た三本の映画の感想文を書いてきてください」

もやした灰は、どこにすてるのか

●子どもたちの感想

◉女の人がはたらいて平気なのかな：桧谷さつき

「放射線管理」の映画で、黄色や赤のビニールのような服を一度着てみたいと思います。放射線がとてもきけんだとわかっていました。でも、黄色いくつをはいたり、放射線室から出た時にメーターで、洋服をけんさしたり、そんなにしんちょうにしらべるなんてぜんぜん知りませんでした。原子力発電所の場合は、女の人ははたらいても平気なのかなあと思いました。今日の映画だと、若い女の人がいっぱいはたらいていたので、ビックリしました。

◉げんしりょく：出沢真理子

げんしりょくはつでんしょは、たいへんです。市民にめいわくをかけないように、ほうしゃのうがもれないようにしなくちゃいけないし、たいへんです。せつびがととのっています。ほうしゃのうがもれてないか、きかいでしらべます。もしももれているかもしれないので、とくべつのクツととりかえます。いじょうなところがあると、みんなしんちょうにけんさをします。きぐをあつかうときもしんちょうにやります。げんしりょくはつでんしょのせつびは、すごいのでおどろきました。私たちのつかっているでんきやなんかは、そんなせつびされているので、いまからたいせつにします。

◉命をかけて守る：伊藤ふじ美

私は、「放射線かんり」という、えいがをみました。放射能を守る人たちは、命をかけています。放射能がもれていないかしらべたり、いろいろなことをしています。放射能がゆかにもれていたりすると、こまるので、そこでは、していされたくつをはきます。それから、放射能の実けんや、薬品をとりあつかったりします。でも、放射能が体のなかにはいったら、たいへんです。だけど、その人たちは、それをかくごして、やっているんだから、すごいなあって思います。それから、電気を作っている原子力発電所だって放射能を使っています。それに、原子力発電所ではたらいている人のおかげで、私たちは、いつも電気が使える。だから、お父さんやお母さんが、「電気つけっぱなしよ！」ってうるさくいうわけが、よーくわかりました。私たちは、発電所ではたらいている人々にかんしゃしなくっちゃいけないなあって思います。

きくこと。「もやした灰は、どこにすてるか」。

◉原子力発電：天野剛

原子力発電は、すぐれすぐれのはてまですぐれているが、一つマチガエば、おそろしい。もし今カプセルから、ほうしゃせんがもれていたら、漁ぎょうストップ。それから、サーフィンも、かいすいよくもストップ。そうなったら、魚を食べられないで、カルシウムをとれないで、ほねがおれやすくなる。原子力は、おそろしくすれば、よりおそろしく、そうでなくすれば、人々のやくにたつようになる。

◉ほうしゃのう：安本昌紀

ぼくは、ほうしゃのうがこわい。体のなかにはいったりしたら、もうぜったいにとれないからだ。だけど、へんだ。どうしてとれないのかぜんぜんわからない。ぼくは、どうにかすればとれると思う。

ほうしゃのうは、なんで、できるんだろう？　ほうしゃのうはにおうのかな？　ほうしゃのうは見えるのかな？　ぼくはにおいもしなければ、目にも見えないやつだと思う。ほうしゃのうは、いっつもかたまっているのか？　ぼくには、まだわかっていない。

原子力発電所は、発電所のなかでもっともきけんなやつだ。ぼくは原子力発電所はこわしたほうがいいと思う。いくら、ねんりょうがちょっとだからって、人の命がかかっているんだ。やめたほうがいいと思う。原子力発電で使っている水に、もうほうしゃのうがある。それは、もう空気にもまざっている。み来になったら、どうなるかわからない。

◉放射線管理：児玉勇一

放射線管理の係の人は、いつもしごとが終わってから、ほうしゃのうがかかってないかしらべる。その人たちは、わざわざビニールみたいな物をかぶって、しごとをしていた。ゆかに、ほうしゃのうがついていたらたいへんだから、くつまではきかえる。いちいちはきかえたり、きがえたりしていたらたいへんだと思う。まいにち、まいにち、そんなことをしていたら、たいへんでこまると思う。

堀江さんを迎えての授業

映画の感想を話しあう
●もし放射能がからだにはいったら

一月二十二日、九時。堀江さんが予定どおりに来校。仕事に追われて一睡もしていない由。授業を参観したいという母親たちもいて、さっそく授業を開始。まず、わたしが子どもたちのまえに立ち、きのうの映画の感想から話してもらう。それをまとめると、つぎのようになる。どの子の感想も、その子なりに真剣に考えたものばかりだ。それを模造紙に書いていく。

(1) 放射線がもれないようにくふうされている。すごい。（出沢）
(2) 人のからだに放射線がはいるとこわいな。原子炉がもしもこわれたらこわいな。（後藤）
(3) くつも服も放射能がついているので、とりかえている。めんどうくさい。（児玉）
(4) もしも大量にからだにはいったらこわい。（伊藤望美）

(5) 放射線がからだにはいったらどうなるのか。（庵）

(6) いつも身近に使っている電気をつくることはたいへんだ。だいじに使いたい。（伊藤ふじ美）

(7) 自分もああいう検査のようなことをしてみたい。勇気がいることだな。（坂内）

(8) 放射線を調べる機械がこわれたらどうするのか。（中西）

(9) くふうして電気はつくられている。（岡本佳子）

(10) そんなことはないと思うけど、放射線が出なければ、原子力発電所っていいな。（梶）

(11) 放射能がからだにはいったら、もうぬけないので、危険な仕事だ。（石川）

(12) 放射線を防ぐものをいっぱい身につけていた。だから、放射能ってこわいと思った。（小林）

(13) 若い女の人が働いていたけど、大丈夫かな。（桧谷）

(14) からだにはいった放射能をとれる機械はないのだろうか。あったらいいな。（生駒）

(15) 原子力発電所は便利だけど、おそろしい。（坪井）

(16) 水力発電をもっとつくれば安全なのに。（白井）

(17) 原子力発電はとくだけど、道具の使い捨てがあるからもったいない。（松井）

(18) ウランから放射能をとれば。（安本）

(19) かすの捨て場所はどうなっているのか。（天野）

原発労働者を描いたスライドを見る

●原発では、だれが働いているのか

堀江さんの自己紹介は、自分がなぜルポライターをやるようになったか、ということから始まった。

コンピューターの技術者だった堀江さんは、絵が好きで、その夢を実現するためにインドへ行ったという。絵を研究しようと思っていたところが、パキスタンに戦争がおこって、パキスタン難民がインドへにげてきた。その人たちが着るものも食べるものもなく死んでいくのをみて、戦争はこわいとつくづく感じた、という。だが、インド政府は莫大なお金を使って原水爆実験をした。そのことに強い怒りをもち、苦しみ死んでいった人たちのことをみんなに知ってもらおうと、ルポライターになったという。

少しうるさい子どもたちに最初はとまどっていた堀江さんだったが、どんどん子どもたちをひきつけていった。堀江さんがインドで手にいれた神様の絵まで見せてもらい、子どもたちはどんどん堀江さんを受けいれていく。

堀江さんと子どもたちの授業の内容を再現したい。

堀江――「そうそう、鳥山先生もインドへ行ったことあるらしいよ。あとで話をきいてごらん。おじさんは、そういう仕事にはいってから、いろんなことを本に書いて発表してきたんだよ。おじさんは君たちがきのう映画で見た原子力発電所のなかにはいって、お仕事をやったわけ。それでは、なぜ原子力発電所のなかへはいったのか、原子力発電所のなかはどうなっているか……、そんな話を、スライドを見てから、ゆっくり話したいと思う。

いまから見てもらうスライドは、きのう見た映画にくらべて、どういうところがちがうか、よく見てください。見終わったら、また、君たちの意見をいろいろきかせてもらうからね。それじゃ、スライドにいこう」

（スライドは「労働問題」〈一橋出版〉というもので、原発で働く下請け労働者を描いたものだ。スライドを見終わってから。）

堀江――「きのう見た映画と、どこがちがってた？」

子ども――「ぜんぜんちがう」

堀江――「どのへんがちがってたか、少し、おじさんに聞かせてほしいんだけれども」

子ども――「きのうのは、いろんな機械のことだったけども、きょうのは労働者とか、人のことだった」

堀江――「それで、どういう感想をもった？」

子ども――「労働者はかわいそうだと思った」

堀江――「それから……」

子ども――「きのうは、原子力発電所は、すごい便利だっていっていて、きょうは、その反対のことといってたみたい」

堀江――「どっちがほんとうだろう？」

子ども――「ぜったい、あとのほうがほんとうだよ」

堀江――「じゃ、実際に原子力発電所で働いている人たちには、どういう人たちがいるんだろうね？」

子ども――「労働者でしょ」

子ども――「たとえばね、去年みたいに冷夏でね、お米がとれないから、お金をとりにきた人」

堀江――「いろいろな人たちがいるんだよ。まず第一番めには、やっぱり電力会社の社員の人たちがいるね」

子ども――「社長はいないの？」

堀江――「社長はいすにすわってるんだよ。では、電力会社の社員の人たちは、どこで働くかというと、きのうの映画のなかにも出てきたかもしれないけど、ここでちょっと写真を見てもらおう。ほら、こういうふうに機械が、スイッチなんかがたくさんあるだろう。いろんなスイッチとかメーターとかがある部屋で電力会社の社員の人たちは原子力発電の運転をやっているんだ」

子ども――「そんなら、あぶなくないじゃない」

堀江――「ここは放射能のないところだから、君たちでもはいれるし、普通の服ではいれるわけだね。そういうところで、電力会社の社員の人たちは働くわけ。それから、ほんとうは放射能と放射線とはちがうものなんだけど、君たちが混乱するといけないから、きょうはすべて放射能ということばをつかうことにします。

ところで、そういう社員のほかには、どういう人たちがいるかというと、いま君たちがいったように、労働者の人たちがいる。ところが、労働者の人たちとひとくちにいっても、そのなかには、いろんな人がいる。たとえば、原子力発電所の近くには農業やっている人とか、魚をとっている人とかがいるんだけど、そういう人たちが原発に働きにいくわけ。

じゃあ、そういう人たちは、どういうときに働くのかというと、原子力発電所は、いつもはずうっと動いているんだけども、ときどき運転を止めて、なかの修理をやったり、検査をやったりしなければならないんだ。そういうときに地元にいる農業とか漁業とかをやっている人たちが働きにいくわけだね。そういうおじちゃんたちは、どういうところで働くかというと、きょう見たスライドのようなところで、つまり放射能があるところで働くんだ」

日本に原発は何か所あるか

●東京に原発はない

堀江――「では、原子力発電所のなかはどうなっているか。おじさんは一年間かかって、なかをいろいろと見てきたんです。その話をいまからするからね。まず、どこの原子力発電所に行ってきたかを地図で見てみようね。

この地図（八十七ページ）で、●印のところがいま動いている原子力発電所だね。ここにたくさんあるね。ここにもあるね。ここは東京、君たちの住んでるとこだけど、この東京には印がないね」

子ども――「よかった」

堀江――「いま建設中のところ、建ててるところは、○印になってる。そういうのが、あっちこっちにあるね。つぎに、こんどは建設準備、つまり予定している場所は、△印だね。

それ以外は、いろんな原子力の建物、これは原子力発電所に限らないんだけれども、そういうのが、×印になっている」

子ども――「よかった、新潟になかった」

子ども――「ある。やだあ」

堀江――「ところで、いま日本で動いている原子力発電所は、いくつぐらいあると思う？

あっ、数えなくていい。おじさんが教えてあげる。二十二か所あるんだ。おじさんは、そのうちのどこで働いてきたか。三か所で働いてきたんだ。まずいちばん最初、この美浜原子力発電所というところに行ったんだよ。そこで働いてから、こんどは、福島第一原子力発電所」

子ども――「おれの田舎、福島だ」

堀江――「へぇ、そうなの。つぎに、また福井にもどって、敦賀原子力発電所、ここで働いた。合計で約一年間、働いてきたんだよ。

それでは、なかはどうなっているかということなんだけど、なかにはいるには、放射能があるから、それからからだを守らなきゃならないわけだ。君たちが見た映画のなかにも出てきたでしょう。いろんな服を着たり、マスクをしたりしてたね。ところが、実際はもっとすごいんだ。その絵を見せてあげるね」

子ども――「なんでも持ってくる、おじさん、用意がいい」

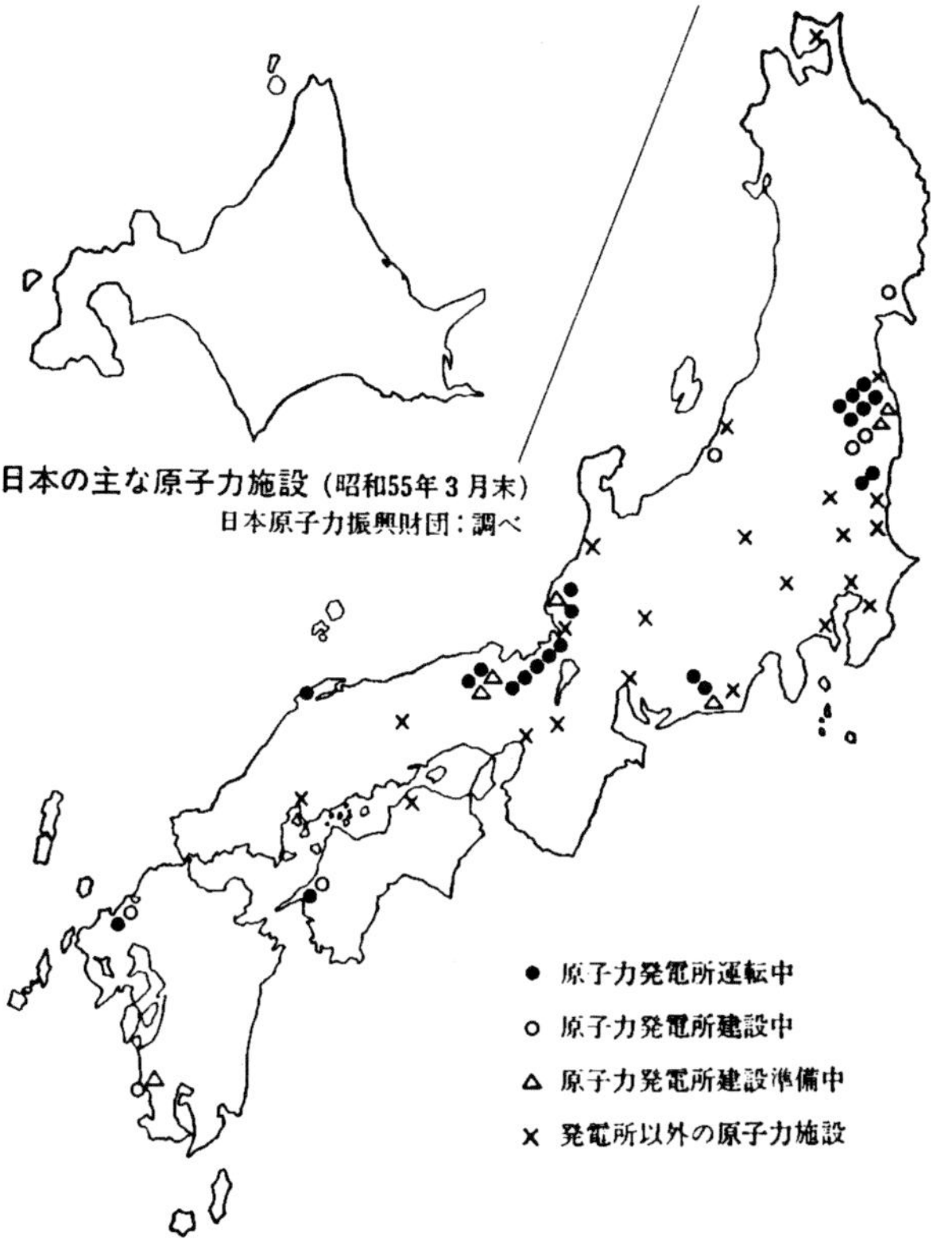

日本の主な原子力施設（昭和55年3月末）
日本原子力振興財団：調べ

原発の内部のしくみは？

●どこで作業したのか

堀江──「君たちは、ゲゲゲの鬼太郎って知ってる？」

子ども──「知ってるう！」

堀江──「だれが書いているか知ってる？」

子ども──「ミズキ、シゲル」

堀江──「そうだね、その水木のおじさんが、原子力発電所の絵をかいてくれたんだ。原子力発電所のなかがどうなってるか、これ（八十九ページの絵）を見て。気持ちわるいね。こういうふうに、パイプがたくさんあるんだ」

子ども──「眼がある」

堀江──「なんで眼があるのかな。こわいね。原発のなかはパイプのジャングルになっている。もうひとつ、このちっちゃな写真（現場の写真）を見てもらおう」

子ども──「眼なんかついてないじゃない」

堀江──「パイプがたくさんあるだろう。こういうところには、写真にはうつってないけど、もちろん放射能がある。……放射能っていうのは、君たち、映画で見たように、においはしないし、眼には見えないんだ」

子ども──「味はおいしい？」

堀江――「味もしないんだ。そして、からだに当たっても、痛くもかゆくもない。このなかには、たくさん放射能があるんだ。その放射能からからだをまもらなきゃならない。放射能がからだにつかないように。そのためにいろんな服を着るわけだ。

たとえば、どんな服があるかっていうと、まず、マスク。ほら、見てごらん。こういうマスクがある（九十ページの絵）。ここになにかくっついてるだろ。息をスーッと吸うと、ここから空気がはいるんだけど、その

原発の内部。イラスト＝水木しげる。
アサヒグラフ，1979年10月19日・26日号から
（以下，90・91・101・103・106ページも同じ）。

マスクをかぶると，声もきこえなくなる。

空気のなかに放射能があるわけだね。その放射能をいくらか通らないようにしてあるんだ。だけど、そうはいったって、放射能はちっちゃなもんだから、マスクからからだのなかへはいっちゃうわけだねえ。

ところが、もっと放射能がたくさんあるところがある。そういうときには、またちがうマスクをするんだ。ほら、見てごらん（九十一ページの絵）」

子ども――「なにとってるの」

子ども――「これ、放射能とってるんでしょう」

堀江――「ちがうよ。ここにホースがあるだろう。これ、なんだと思う？」

子ども――「空気を送ってる……」

堀江――「そう、そう。ここから空気が送られてくるわけ。このホースの空気を吸いながら仕事をするんだ」

子ども――「どんなことやるの？」

堀江――「この絵のおじさんはいま何を拾っているかというと、君たち、ヘドロって知ってるだろ、ドロ。そういうものをバケツのなかに入れてるんだ」

ヘドロをかきだす作業。人工の空気がホースから送られてくる。

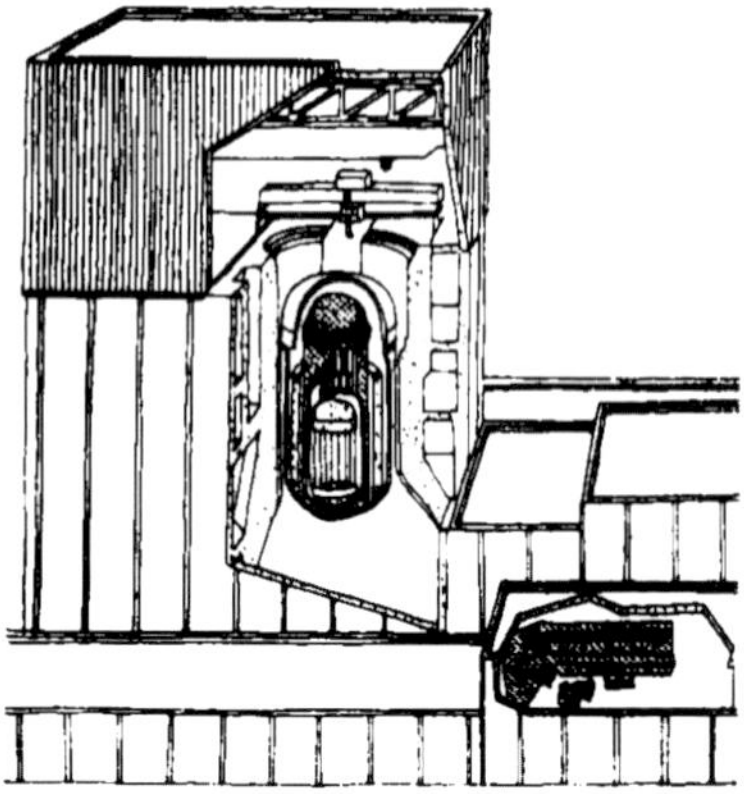

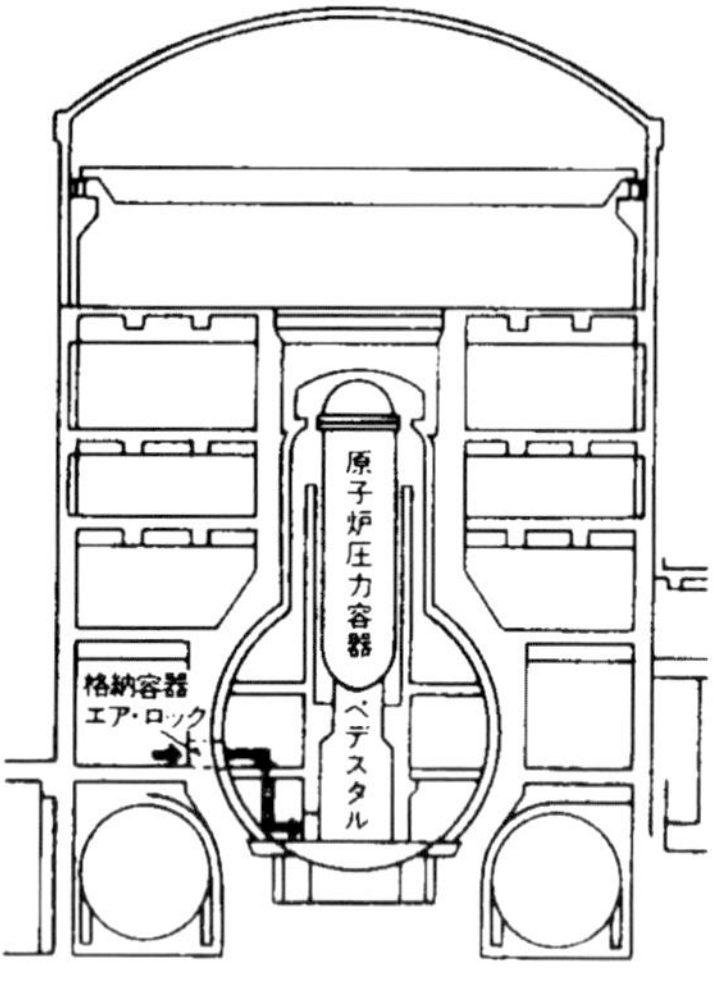

子ども――「きたねえ！」

堀江――「ドロっていってもね、そこいらのドブ川にあるようなドロとちがうんだよ。放射能がごっそりつまっている。だから、そういうところには放射能がたくさんあるから、そんなのをからだにつけたり、吸いこんだりしたら、たいへんなことになるわけだね。それで、こういうようなホースのついたマスクをつけるわけ。

さて、つぎの絵をみてください（九十二ページ右段の上図）。ここに四角く煙突のようになったところがあるだろう。きのうの映画でもこれとおなじものをみたはずだよ。丸いガスタンクのようなものもあったね。これが原子炉とよばれるところなんだ。わかるかい？　そして、その右下のほうにある部屋が、これも映画にでてきたいっぱいスイッチやメーターがあった運転室だよ。

それで、おじさんが作業したのは、このメーターのある部屋じゃなくて、この原子炉のところ、いちばん心臓部分のところなんだよ（右段の下図）。

ここはタンクになっていて、下のほうに放射能のついたヘドロがいっぱいはいっているんだ。それを外に出すためになかへはいる。ここに（下図の↓印のところ）一か所だけ穴――マンホールがあって、そこからなかへはいるんだ。そして、この周辺で仕事をするときに、さっき見たホースのついたマスクをつけるんだよ」

労働者の装備は？
●ガムテープで放射能を防ぐ

堀江――「そして、そういう仕事をするときに、どれだけ放射能をあびたのかを計る器具を持ってはいるんだ。（写真をみせる。）この右はじにあるのがポケット線量計というものです。いろんな服を着るでしょ、その服の内ポケットに入れておくわけ」

子ども――「かっこいい」

子ども――「万年筆みたい」

堀江――「そう、万年筆とおなじ形だね。このなかがどうなっているか、ちょっと絵にかいてみようね。（黒板にかく。）ここが目盛りになっているんだ。それで、放射能をあびると、だんだん針がこっちへ動くわけ。この針の動きで、きょうはこれだけあびたなあってことがわかるんだ。

写真のいちばん左側にあるのが、アラーム・メーターといって、ある程度の放

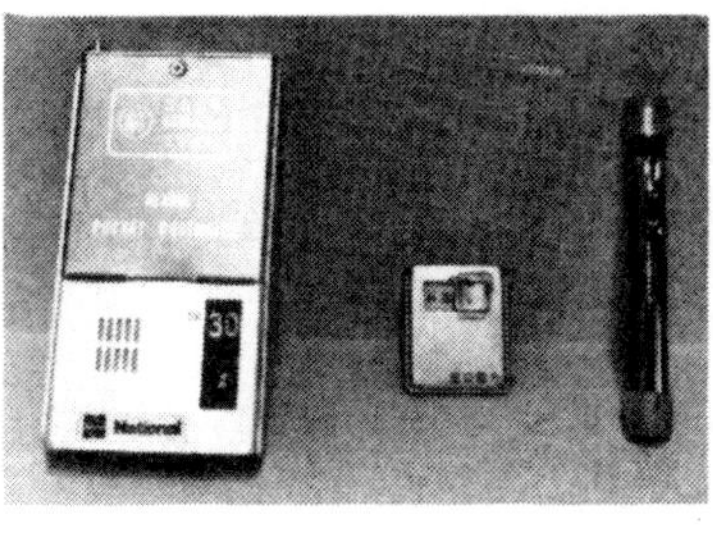

射能をあびると、ビビビーと音を出すんだ。まんなかにあるのは、フィルムのようなものが一枚はいっていて、そこに放射能があたると、フィルム・バッジといって、写真機のフィルムが変化して、現像すると、どれだけ放射能をあびたかがわかるしくみになっているんだ。

こういうものを労働者の人たちはポケットのなかに入れる。それで、いよいよなかにはいる。いろんなマスクをつけて、それから、さらにいろんな服を着なくちゃならない」

子ども――「ジャンパー」

堀江――「ジャンパーじゃだめなんだ。それでね、いいかい。空気のなかにも放射能があるわけだろう。そうすると、手袋もなんにもつけないで、いろんなところをさわったら、手に放射能がついちゃうでしょ。だから、それを防止するために、まず手袋をするんだ」

子ども――「軍手」

堀江――「じゃないんだ。手袋といっても、一枚じゃないんだ。仕事によってちがうんだけれども、いちばん最初に薄い布の手袋をする。それからゴムの手袋を二枚か三枚する。さらに、仕事によっては、そのうえに軍手をはめる」

子ども――「鉛の手袋はしないの?」

堀江――「手がごわごわになっちゃうね。

ところが、いい? 聞いて。手袋しても、袖口が開いちゃうだろ。そこから放射能がはいっちゃうね」

子ども――「ゴムでとめたらいい」

堀江――「そうそう。それで、ここのところをぴしっとガムテープでとめるんだよ。袖口の部分をね」

子ども――「ガムテープ!!」

堀江――「いや、袖口だけじゃないんだよ。胸のところがあいちゃうね。ここから放射能がはいる。やはり、ガムテープでぴしっととめてしまう」
子ども――「じゃ、顔は？」
堀江――「顔はマスクがあるだろ。でも、マスクといっても、ふちがあるだろ、そこからも放射能がはいってくる。だから、マスクのふちもガムテープでとめる。まだまだある。こんどは靴をはくでしょ。まずはくつしたをはく……、くつしたも二枚か三枚はくんだけど、ズボンのスソが開いちゃうね」
子ども――「ガムテープ！」
堀江――「さっきもいったように、ほんの少しでも放射能がからだのなかにはいらないように、身体に触れないようにするために、服を着たり、あちこちをガムテープでとめたりするんだ。わかった？　それで、いよいよ仕事にはいるわけだね。
　ところがね、こわいことに、ホースのついたマスクがあったろう、あそこから空気が送られてくるんだけども、空気がこなくなることがあるんだって」
子ども――「エーッ!!」
堀江――「そうしたら、どうなる？」
子ども――「死んじゃう」
堀江――「死んじゃうね。そういうとき、どうしたらいい？」
子ども――「はずしたら放射能を吸っちゃう」
堀江――「そう、マスクをはずしたら放射能を吸っちゃうよね。でも、はずさなけりゃ、窒息死しちゃう、空気がこないから……。こわいねぇ。労働者の人たちは、そういうふうに、マスクをはずしちゃっても死んじゃうし、はずさなくても空気がこないんだから死んじゃう、といった危険なところで働いているんだ」

子ども――「オソロシー！」

堀江――「おじさんは、そのマスクかぶって仕事をやってきたんだ。ほんとうによかったことには、空気がずっときていたから、おじさんはこうして生きて君たちに会えたんだけれども、もし、空気がこなかったらたいへんなことになっていた……」

どんな仕事をするのか

●つねに放射能にさらされて

堀江――「じゃあ、そのマスクをかぶって、どういう仕事をやったのか、それをお話しします。さっきヘドロをとっている絵（九十一ページ）を見たね。そして、原子炉のいちばん心臓部分にヘドロがたまって、マンホールからはいってヘドロを外に出す話をしたね」

子ども――「あけると放射能がでないの？」

堀江――「あけたとたんに放射能がでてくるよ。でも、みんなマスクしてるから」

子ども――「でも、散らばるじゃないか」

堀江――「散らばっちゃうんだね。そうなんだ。そのへんの話については、また、あとで話そうね」

子ども――「考えただけでも、ぞっとするな」

堀江――「でも、そういうところで働いている人がいるんだよ。さて、なかへはいると、足のひざのへんまでヘドロがたまっているんだ」

子ども――「気持ちわるい」

堀江――「この絵とおなじだね。こういうふうにヘドロがあるわけだ。バケツを一人の人が持って、もう一人はビニールの袋を持って、なかにはいってヘドロを、放射能のたくさんはいっているやつをかきだすわけ。ビニール袋にヘドロを入れて、それを外にいる人に渡すんだね。

そうすると、仕事をやっているうちに、だんだんたいへんなことになってくる。まずね、吸っている空気があるだろう、ホースから流れてくる空気……。この空気は、君たちがいま吸っている空気とちがうんだ。人工の、つまり、人間がつくった空気なんだ。人工の空気」

子ども――「甘かった?」

堀江――「いや、人工の空気はしめりっ気がないんだ。そうすると、のどがかわいてくる。のどがかわいて、のどがかわいてしようがないんだ」

子ども――「ホースから水が流れてくれればいいのに（爆笑）」

堀江――「のどがかわくだろう。それと、暑いから汗が流れてくるね、だらだら、だらだら。でも、さっきいったように、からだじゅうがガムテープでふさがれているから、手でそのあせをふくこともできないんだ。もう、汗は流れっぱなし。……まだあるんだ。だんだん頭が痛くなるんだよ」

子ども――「なんで?」

堀江――「というのは、流れてくる空気が人間のつくった空気だから、酸素の量がちがう。それで、だんだん頭が痛くなる。わかる?　そのうちに、こんどは吐き気がしてくる」（ガヤガヤと、さわがしくなる。）

堀江――「それをじっとがまんして、仕事を続けるんだよ」

子ども――「たいへんだねえ」

堀江――「たいへんでしょう。ところが、あるていど仕事をやっていると、放射能をたくさんあびてしまう。だから、かわりばんこに仕事をしなけりゃならないわけだね。タンクの外に、おじさんたちが三人も四人も並んで自分の番を待っているんだ。あるていどの時間がたつと、『出てこーい！』って合図があり、そうすると、今度はタンクの外の人がはいっていくんだ」

子ども――「足はどうするの？」

堀江――「足はヘドロでびっしょりになるでしょう。そこには放射能がくっついているから、そのままスタスタ歩いたら、放射能があっちこっちに広がってしまうんで、みんなビニール袋の大きいのを持って……」

子ども――「くつみたいにはいちゃうの？」

堀江――「そう、ビニール袋に両足をつっこんで歩くの。それで、自分の番がくるのを待ってるときがまたたいへんなんだよ。というのはね、まず、すわることができないの。床の上にも放射能があるわけだろう。そこにすわったら、おしりが放射能をあびちゃうから」

子ども――「ケツのなかにはいってくるの？」

子ども――「いすを持ってきてすわれば？」

堀江――「でも、そんなことやってるひまがないわけだ。すぐに交替するから。まだあるんだよ。壁があるだろ、壁に寄りかかればいいかっていうと、壁に寄りかかることもできないんだ。背中が放射能にやられちゃうからね。それで、じっと立ってるしかないわけだ。そのうちに、おしっこしたくなることもあるよね。ところが、あのなかにはトイレもないんだよ」

子ども――「キツーイ」

堀江――「きついんだね。どうしたらいいんだろう」
子ども――「もらしちゃう」
堀江――「もらしちゃう？　方法は二つしかないわけだ。一つは、じっとがまんするだけ、もらさないように。もう一つは監督に『ちょっとトイレに行ってきます』と言って、トイレに行くわけだ。でもね、トイレに行くのがこれまたたいへんなんだ。さっきいったように、いろんな服を着てるでしょう。ガムテープも全部とらなきゃならないし。からだに放射能がついているかどうかを検査しなきゃならない」
子ども――「もれちゃうよ」
子ども――「もらすってことはできないの？」
堀江――「気持ち悪いじゃないか」（ガヤガヤ。）
堀江――「わかった、わかった、静かにして。検査なんかしていたら、まにあわないっていう人もいるよね。出たくてしようがないっていう人が。かといって、まさかズボンはいたままおしっこするわけにいかないだろう。そういうときには、あのなかにパイプのジャングルがいっぱいあるっていったよねえ、そのかげへ行って、おしっこする。ところが、そこにも放射能があるわけでしょう。そこでオチンチンを出せば、放射能がくっついちゃう……。
まだあるんだよ。水を飲みたくなるわけだよ、のどがかわいてくるから……。どうする？　君たちには、のどがかわいてきたら、水道があるよね、すぐに水が飲めるわけだ。ところが、あそこには水を飲むところがない。水道がないんだよ。のどがかわいてきたら、さっきいったように服をぜんぶ着がえて、検査をして外に出るしかないんだ。
まだあるんだ。汗がたらたら出てくるね、そういうときはどうするか。手でいろんなところにさわっているわけだろ、その手で顔をふいたら、そこに放射能がくっついちゃう。だから、汗は流れっぱなし……。眼にはいったら、眼をちかちかやって追いだすしかないんだ」

子ども――「汗がたまって息ができなくなったりして……」

堀江――「こういうなかで、おじさんたちは放射能をあびて仕事をやっているんだよ。わかった？　じゃ、そういうふうに放射能をあびた人たち、または、からだのなかに放射能がはいった人たちは……」

子ども――「死ぬゥ」

子ども――「ねェ、おじさんは、放射能をあびたりしたことはないの？　死にそうになったとか……」

堀江――「ああ、そういうこともあったんだ。どうなったか、その話をつぎの時間にお話しします。じゃ、休憩」

転落事故で死に直面する

●からだのなかには放射能が……

堀江――「始めるよ、いいかなあ。

おじさんが原子力発電所で働いているとき、ちょうど二年まえのきょう、たいへんなことがあった。そのときは、高いところで仕事してたんだ」

子ども――「おっこったの？」

堀江――「うん。そのときの絵がここにあるから、見てごらん。これは、水木のおじさんが描いた絵なんです（一〇一ページ）」

（子どもたちは絵を見て、シーンとなる。くい入るように絵に集中する。）

堀江――「どういうところから落っこちたか。（黒板に図を書く。）

床にマンホールがあって、いつもは、このマンホールにはふたがしめてあって、そのうえにビニールシートがしいてある。だから、みんなこのうえを、マンホールがあることを知らないで歩いていたわけだね。ところが、おじさんが歩いた日には、ビニールシートはしいてあったんだけれども、マンホールのふたがなか

マンホールのなかを落ちていく。そのさきは，パイプのジャングル。

ったんだよ」

子ども――「その上にのっちゃった?!」

堀江――「そう、そこに足をのっけちゃったんだよ。そしたら、どうなる?」

子ども――「ビニールが破けて、ドーン……」

堀江――「落ちていって、パイプ（一〇三ページの図）のなかへ、ずうっとはいっていっちゃうんだよ。はいったら最後、パイプがジャングルのようになっているからどこへ行っちゃうかわかんない。『助けてくれー』って声を出しても聞こえない。

ところが、おじさんが奇跡的に、いまこうやって生きているのはなぜかっていうと、落ちたときに、マンホールのふちが胸にぶつかったんだ。それでね、両方のひじでぐいっとおさえたわけ。でも、足はぶらぶら、ぶらぶらしていたよ」

子ども――「ワーッ」（子どもたちは、自分が落ちていくように身をかたくして堀江さんをみつめている。）

堀江――「それで、助けてくれーっていって、仲間の人にだきあげてもらった。ところが、胸を打ったおかげでとまって助かったんだけれども、ここに肋骨っていうのがある……みんな知ってる? そのとき、肋骨が折れちゃったの。それで病院へかつぎこまれた。

原子力発電所のなかでは、骨を折ったという大きなけがじゃなくて、たとえば、指の先をちょっと切ったとしても、それだけで死ぬかもしれないんだよ」

子ども――「放射能がはいっちゃう……」

堀江――「そうそう」

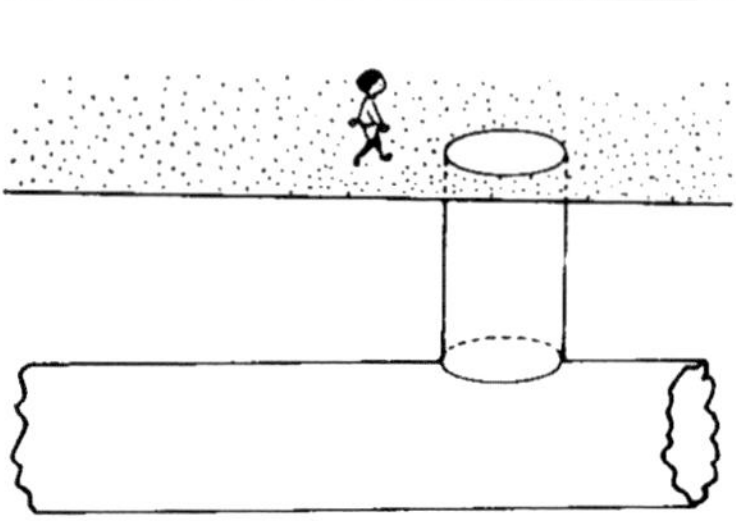

原発の内部は，さながらパイプのジャングルのようだ。

子ども——「骨だから、よかったわけだ」

堀江——「骨だからよかったというわけではないけど……。でね、おじさんの場合には、落っこちかかって、肋骨を折って、友だちに助けてもらって、床へ寝かされたわけだ。立っていられないだろ、骨が折れてるんだもの。床にも放射能あるんだよ。そこにねっころがったわけだ。それで、痛くて、ごろごろ、ごろごろころがった。そのうちに、痛くてがまんできないし、息ができないから、マスク取っちゃったの。だから、おじさんのからだのなかに、いま、放射能がはいっているんだ」

子ども——「うわーっ」

子ども——「こわいなあ」

堀江——「まあ、それはいい。おじさんは、ようやく外へかつぎだされて、車で病院へかつぎこまれたんだ。

……こんどは、もうひとりちがうおじさんの話をしよう。これは、またちがう場所の絵だよ。わかった？　こういう大きな二、三メートルぐらいのタンクが、二つあったんだ。二つのタンクの上と上に、板を渡してあった。この板の上で、あるおじさんが作業をやっていた。ところが、落っこちちゃった、下へ」

子ども——「タンクのなか？」

堀江——「タンクの外、こっちへ落っこちたわけだね。ところが、ここにも放射能があるんだ。ころがったとたんにからだに放射能がまきついちゃったんだ。それで、落っこちたときにあちこちの骨を折ってるし、血が出てるでしょう。すると、早くお医者さんへ連れていかなければだめだねえ。ところが、連れていけ

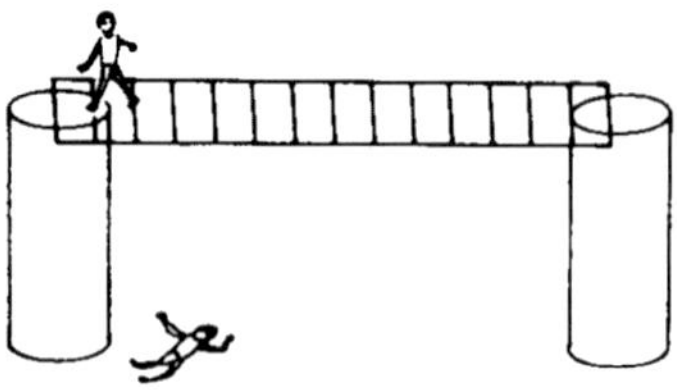

ないんだよ。なぜかというと、まず、からだに放射能がたくさんついてるでしょう。それをぜんぶ落とさなければならない。服をぬがして、からだについているやつを水かなんかで洗って落として……」

子ども――「いてえだろうな」

堀江――「いたいよ、もうがまんできないよ。この原子力発電所から車をとばせば五分かからないところに大きな病院があるんだよ。すぐ行けば、おじさんは助かったかもしれないんだけれども、このおじさんの場合には、からだに放射能がたくさんくっついちゃったんで、外に出せなかったんだ。そして、二時間か三時間たって、ようやく外へ出られて、やっと病院へ連れていった。しかし、そのときには、もう出血多量で、つまりからだのなかの血がみんななくなってしまって、死んじゃった。そういうおじさんもいたんだ。原子力発電所のなかでけがをするっていうことは、すごくこわいことなんだよ。ぼくの場合は、ほんとに運よく、すぐに外へ出られたんだけども」

放射能をあびた人たちは?

●からだを蝕み、心を蝕む

堀江――「じゃ、放射能をあびた人は、どうなってしまうかということについて話をします。たとえば、ひとり、おじさんとおなじ年の人がいたんだ。そのおじさんは東京電力の福島の原子力発電所で働いていたんだ。そのおじさんが、去年の三月ごろ、原子力発電所の入り口にあった松林のなかで、首をつっちゃったんだ」

子ども――「ええっ」

「原子力の仕事も考えもんだ」という遺書を残して……。

（堀江さんは絵〈一〇六ページ〉をみせる。子どもたちの目が絵にくぎづけになる。）

堀江――「なんで首をつったんだろう」

子ども――「どこかから落っこちちゃった」

堀江――「ちがうんだ、発電所のなかじゃないよ。外だよ」

子ども――「放射能がたくさんついてたの」

堀江――「そうじゃないんだなあ」

子ども――「遺書を持ってなかったの？」

堀江――「そのおじさんは遺書をのこしているんだ」

子ども――「やっぱり」

堀江――「それで、その遺書には、こういうことが書いてあった。『頭が痛い、眼が痛い、原子力の仕事も考えもんだ』。こういう遺書をのこして首をつって死んじゃったんだ。その人は、ちょうど君たちとおなじくらいの子どもさんとお母さんとを残して、原発で働くのがいやだっていって死んじゃったんだ。

まだいるんだよ。たとえば、ある若い、君たちのちょうどお兄さんに当たるかなあ、はたちぐらいの若い男の人がいた。そのお兄さんに好きな人ができた……」

子ども――「恋人」

堀江――「恋人ね。そしたら……」

子ども――「失恋？」

堀江――「失恋じゃないんだ。結婚できなかったんだよ。相手の女の人のお父さんが『だめだ』って、『原子力発電所で働いているような人には娘はやれない』と言って、それで結婚できなかったの。かわいそうだねえ。
まだあるんだよ。もっとこわい話が。おじさんが原発で働いていたとき、二十歳の人が働いていて、結婚してたんだ。それで、奥さんが妊娠したんだ。わかるかな、あかちゃんができた。はじめての子どもだったんだよ。だから、うれしくってしようがないわけでしょ、普通だったら。ところがね、その人は、なぜか落ちつかないんだ。そわそわそわそわしている……。
それで、あんまり落ちつきがないんで、おじさんが、その人に『どうしたんだ。あかちゃんが生まれるんだったら、もう少しうれしそうな顔をしろ』っていったの。そうしたらね、その青年は、おじさんに抱きついて、ワーッと泣きだしちゃったんだよ」
子ども――「なんで？」
堀江――「彼はこんなことを言った。『おれ、知ってるんだ。おれ、知ってるんだ』って。何を知ってるのかっていうと、その人に友だちがいたんだけど、その友だちは昔、トラックの運転手をしていたんだけれど、どういうわけか原子力発電所で働くようになった。それで子どもさんが生まれたわけ。そしたら、その赤ちゃんが、いわゆる……脳みそのない子どもだったというんだよ」
子ども――「ウェーーッ」（思わず顔を手でおおう。）
子ども――「頭がないの？」
堀江――「その赤ちゃんを彼は見てるわけだ。だから、もしかして、もしかすると自分の奥さんに生まれる子どもも、そういう子どもなんじゃないかって、赤ちゃんの生まれる日が近づけば近づくほど、落ちつきがなくなっちゃったんだね。
これには、まだ話の続きがあるんだよ。おじさんがあっちこっちの原子力発電所で一年間、働いてきてから、彼の家へ電話をしたの。赤ちゃんは男の子だったか女の子だったかって聞いたら、それまで電話で、だじゃれをいって、笑ったりしていた彼が急に黙っちゃったの。『どうしたんだよ。男の子だったのか、女の子だったのか』って聞いたら、彼は、こういうこと言った。『こわくて産むことはできなかった』って」（子どもたち、水を打ったように静かになる。）

堀江――「わかるかな、途中であかちゃんをおろしてしまったんだ。原子力発電所で働いたという、放射能をあびたという、それだけで、こわいという不安から、もしかするといった不安から、赤ちゃんを産めなかったんだよ」（子どもたちは身動きひとつせず、堀江さんをじっとみている。）

堀江――「じゃあ、そういう人たちは、原発で放射能をあびた人たちは、どのくらいいると思います？ 日本に」

子ども――「一万人」

子ども――「十万人」

堀江――「日本に原子力発電所は、さっき二十二か所あるっていったね。古いやつは、運転を開始してから十年ぐらいたっているんだけど、そういうなかにはいって放射能をあびて働いた人は、すでに十万人以上いるんだ。正確には十二万人もいるんだ。それだけの人たちが、あの原子力発電所のなかへはいって放射能をあびているわけだ。

じゃ、からだのなかへはいった放射能はどうなるのか、傷口から身体のなかにはいったり、息をしているときに吸いこんだりした放射能はどうなる？ どうなると思う？」

子ども――「からだのなかにどんどんたまる」

堀江――「そうだね。ところが、その放射能を身体の外に出す方法はないんだよ。さっき、だれだったかな、映画を見て感想をいったときに、『からだの外へ出す機械があればいいなあ』っていってたでしょ。ところが、いまはないんだ。からだのなかへはいるでしょ。そうすると、放射能が、胃とか肝臓とか脊髄《せきずい》とか、そういうところを、ちくちく、ちくちく刺すんだよ……」

子ども――「痛いの？」

堀江――「痛くはない。ただ、それがすぐには出ないけれども、何年かたって、急にからだの症状に出てくる」

子ども――「なにが？」

堀江――「ガンになる。白血病になる。

　おじさんは放射能をあびたろう、それで、おじさんの身体のなかに放射能があって、ちくちくやられてるかもしれないけれど、おじさんだけの問題じゃなくて、おじさんが子どもをつくったならば、遺伝の問題があるわけだ。子どもに影響をおよぼすかもしれないわけだね。そして、その子どもが大きくなって、また子どもを産む。また、その子どもに影響が出てくるか

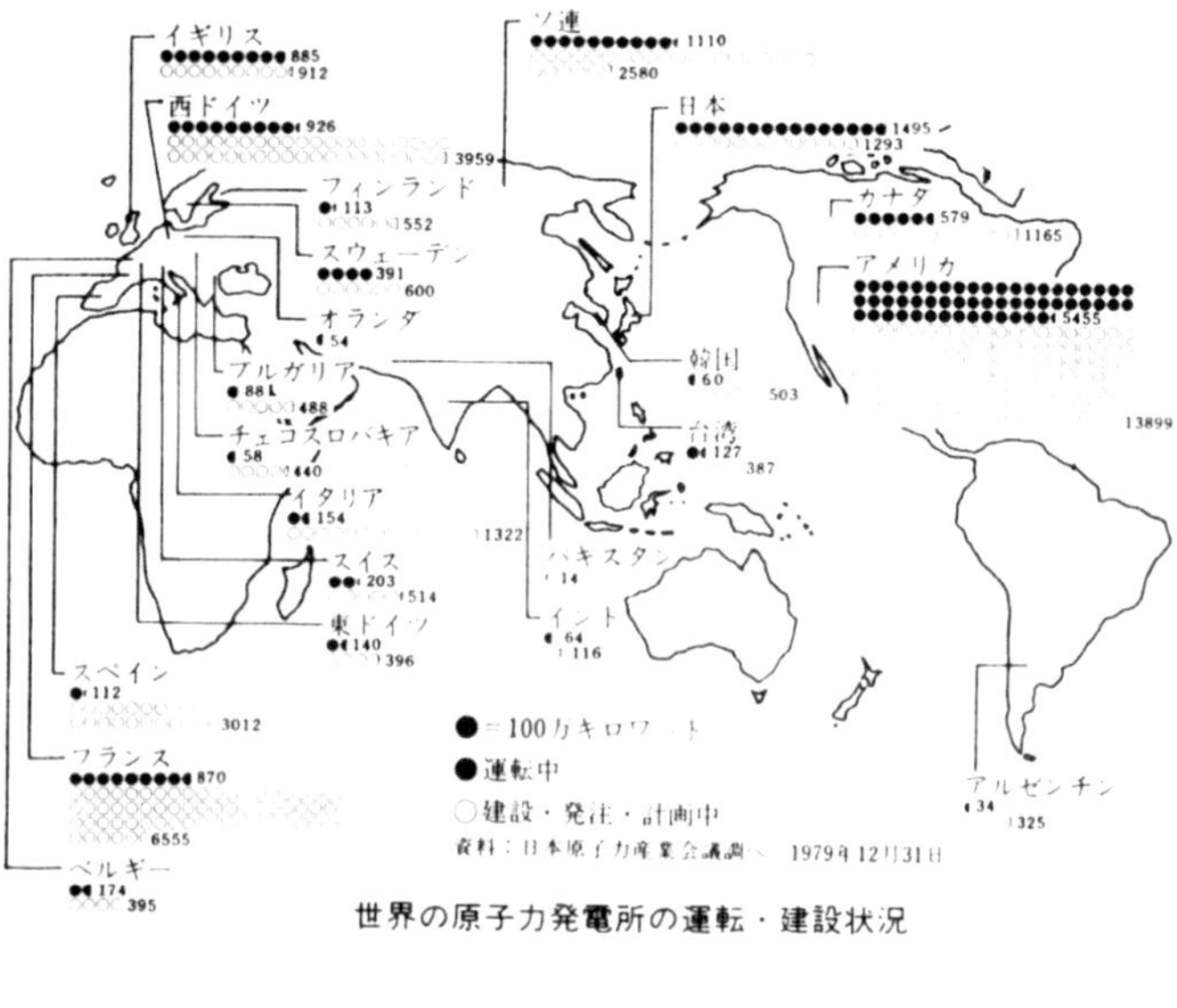

世界の原子力発電所の運転・建設状況

もしれない。その影響がどこまで、どれだけつづくかっていうことは、いまの医学でもわからないんだよ。それほど放射能っていうのは、こわいものなんだね。

だから、原発をやめて、ちがう仕事に移ったとしても、さっきいったようにからだのなかにはいった放射能は、すぐに出ていくものじゃないんだから、何年後かにガンとか白血病とかが出てくるかもしれないわけだね。ということは、その間、ずうっと健康診断かなんかやっていればいいんだけども、いまは、その健康診断もやられてないんだよ。原子力発電所をやめたならば、それで最後、健康診断もなんにもないわけ。だから、さっきいったように、ある人は首をつって死んじゃうかもしれないし、ある人は子どもを産むときに不安になって産めなかったりするし、または、ある人は原子力発電所で働いたというだけで、結婚することもできなかったりする」

このあと、堀江さんに原発の近くに住んでいる子どもたちの生活について知っていることを話してもらった。原発で働いている人が酒を飲んであれたり、犯罪が起こって危険なので子どもたちが集団下校したり、下校時間をくりあげたりしていること。建設予定地になった海には鉄条網がはられて泳げなくなったこと。子どもたちが「もっともこわいものは何か」というアンケートに、原発をあげていることなどを話してくれた。

労働者の給料は一日四千円

●ほとんどがピンハネされる

堀江——「あと少し時間があるんで、何か質問があったら……」

子ども——「月給、何円？」

堀江——「おじさんのかい？　それとも、原子力発電所で働いている人たちの？　原発で働いている人たちはね……、君たちのおとうさん、月給もらってるだろ。毎月二十五日とか二十日とか決まった日に給料もらってくるね。そして、一年のうちの二回ぐらいボーナスをもらう。ところが、原子力発電所で働いている人たちは、月給じゃないの。一日いくらっていうの」

子ども——「一日いくらなの？」

子ども——「一日最低でも一万円だよね」

堀江——「そうだろう、あんな放射能あびる仕事だものね。ところが、四千円ぐらい……。それで、かぜひいちゃったりすると休むだろ、そうすると、日当だから、その日は給料もらえないんだよ。からだがちょっとでもおかしくなったら、生活できないわけだ」

子ども——「死んじゃうよ」

堀江——「ほかになにか質問あるかな。……いま、おじさんは四千円っていったね。ところが、ほんとは、もっと出てるんだ。もっと高いんだ。一万五千円ぐらいなんだ。なんで、それがこんなになっちゃうんだろう。ふしぎだね」

子ども——「休むから？」

子ども——「仕事によってだろ」

子ども——「人数が少なくなると高くなる」

堀江——「ちがうんだな、こういうことなんだよ。電力会社がまず仕事をたのむわけなんだ、大きな会社に。それをAという会社だとしよう。このときにいくら払うかというと、一人一日、一万五千円ぐらい払うといわれているんだ。それで、Aの会社がまたちがう会社に仕事をたのむわけだ、Bっていう会社に。お宅やってくださいよって。今度はこのBの会社がCの会社に頼むわけだ。だんだんだんだん会社が小さくなってくる。なかには、社員が二人ぐらいしかいない会社もある。そういう、たとえば、Dっていう会社に、おじさんがいるわけだ。そうすると、Aに一万五千円が払われても、Bでとられて、Cでとられて、Dの会社にとられて、また親方にとられて、おじさんのふところにはいるのは、わずかになっちゃう」

子ども――「Aでやればいいじゃない」

堀江――「Aの会社は大きな会社なんだ。こういうところの社員には、なかなかなれないんだ。原子力発電所で働いている労働者は、地元の農業とか漁業やっている人が多いっていったでしょう。そういう人たちは、みんな、こういうDのようなところに所属しているんだ。

それから、おじさんは骨を折るけがをしたっていったでしょう。そういう仕事中にけがした人は、ほんとうなら法律で、ちゃんとお金が出るんだ」

子ども――「なのに、お金が出なかったの？」

堀江――「おじさんの場合は出なかった」

子ども――「ずるいなあ」

子ども――「どうして？」

堀江――「おじさんはその法律で決まっているお金がほしいっていったんだ、社長に……。Dっていう会社の親方にね。ところが、この親方は『アカーン』って、だめだっていうんだ。なぜかというと、労働基準監督署っていう、お役所があって、そこにいえばお金がくるわけだけども、そこに『けがをしました』って話したならば、原子力発電所のなかでけがをしたことがわかっちゃう。お役人に、役所に知れちゃうわけだ。

役所に知れちゃうと、もしかすると新聞記者さんがかぎつけて、記事にするかもしれない。原子力発電所のなかでけが人が出たってね。そうすると電力会社は困るわけだ」

子ども――「評判が悪くかる」

堀江――「評判が悪くなっちゃうね。だから、『アカーン』っていわれて、おじさんの場合には、その法律で決められたお金ももらえなかった。そういう人たちは、たくさんいるんだ」

放射能はどこへいくか

●原発のゴミはドラムかんに入れられたまま……

子ども――「放射能はうつるんですか」

堀江――「放射能をあびるっていうことは、こういうことなんだ。ある人がいて、そして、放射能を出すものがある。そこからまわりに、放射能――正確には放射線っていうものが出るわけだ。こういうのをからだの外側からあびる場合があるし、そうじゃなくて、これ自体が服やからだについちゃうこともある。または、放射能を出すものを飲みこんじゃう場合がある」

子ども――「エーッ!!」

堀江――「おじさんのからだのなかには、放射能を出すものがはいっているわけだ。さっき、おじさんが、ちくちく、ちくちく刺すといったでしょう。その、ちくちくっていうのは、これのことをいっているんだ。からだのなかで放射線を出すわけだ。

うつるんですかってきかれたんだけども、まず口からなかにはいったやつ、これは外に出ないんだよ。いくらかはおしっこといっしょに出るんだけれども、そんなに出ない。からだのなかにのこってしまう。これはうつんないよね、他人には。そうすると、あと、からだにくっついちゃったもの。これは、仕事を終えて、外に出るときに、シャワーをあびるとだいたい落ちるんだ。

でも、なかには、ぴっちりくっついちゃって、毛穴や汗がでる穴から放射能がはいりこんじゃうこともある。そうすると、なかなか落ちない、シャワーあびただけじゃ。ひどいときには髪の毛にくっついちゃうこともあるんだ。それで、頭を洗う。放射能がのこっているかどうか検査する機械があるんだけれども、それで検査すると、依然として残っていることがある……」

子ども——「髪の毛を切っちゃえばいい」

堀江——「うん。なんどやってもだめだったら、最終的には坊主になっちゃう……。原子力発電所にはいったときにはふさふさしていた髪の毛も、出てきたときには坊主になってしまう。でも、髪の毛は切っちゃえばいいだろう。こわいのは、顔などについた場合だよ。切るわけにいかないだろう。そういう場合には、まず最初に水洗いする。それで検査する。だめだと、つぎに、女の子はよく知ってると思うけど、おかあさんが夜になるとパックっていうのをやるだろ、知ってる？　ああいうものをペタってくっつける。それをはがすとだいたいとれる。それでもとれない場合はどうする？　つぎはいよいよたわしを持ってくる。そして、因幡《いなば》の白うさぎよろしくガーッとやる」

子ども——「亀の子だわし？」

堀江——「亀の子だわしみたいなものでガーッとやる。それでもとれない場合、どうする？」

子ども——「もう意地で、なめてなめて、なめまくる」

子ども——「ガムテープ」

堀江――「そういう場合は、おじさんは経験したことない。でも、たわしまではやった人がいた。痛かったろうねー。まっ赤になって……。それでね、水で洗って落としたとするでしょ。その水のなかには放射能はいっているわけだね。そうすると、その水はどこへ行くんだろう」

子ども――「下水処理場」

堀江――「放射能のはいった水をそのまま下水処理場へ流したら、たいへんなことになっちゃうよ。どうしているかというとね、放射能の少ないものは海に流し、多いものは、一度タンクにためて、化学処理してからドラムかんにつめているんだ。さっき、おじさんがホースのついたマスクをかぶってヘドロ取りをやった話をしたけど、そのヘドロをドラムかんにつめるんだよ。ただ、そのドラムかんが、いま、たくさんたまっていて、それをどうしようかと電力会社では悩んでいるんだ。海に捨てちゃえ、なんてこともいわれているんだ。

それから、放射能のはいった水を海に流しているから、原子力発電所ちかくの海でとれた貝や魚から放射能が発見されているんだよ。さっき、放射能はうつるかって、だれかきいたね。君たちだって、その放射能でやられた魚を食べているかもしれない。そうすると、放射能で苦しむのは、原子力発電所で働いている人たちだけでなく、そんな魚を食べる君たちや、友だちや、兄弟たち、みんなもそうなんだっていうことがわかるね。みんなが放射能でからだがおかしくなってしまう……。こわい話だね。

君たちも、原子力発電のことを、これからも、もっとしっかり勉強してほしいな、っていうのがおじさんのお願いです。じゃあ、また会おうね。さようなら」

べんりだけど、おそろしい

●スライドを見た感想文

◉スライドをみて：坂内佳代

そのスライドの名前は、〝ろうどうもんだい〟というものでした。このスライドをみても、ほうしゃのうというものは、大へんなんだなと思いました。手がへんなふうになったり、ガンになって、五人の子どもをおいて、なくなってしまったり、このスライドは、すごくいやでした。でも、えいがをみたときよりも、このスライドのほうが、よくほうしやのうのこわさが、わかりました。

◉ほんとうのことをうつしている：伊藤望美

スライドを見て、原子力発電所の人が、どんなにずるいか、わかった。使いものにならなくなった人を、すぐにクビにし、また新しい人をいれる。ろう働者の人が、発電所で放射能をたくさんあびて、ガンとかで死んでも、「しょうこがない」と言って、おいかえしてしまうなんて、ろう働者の人がかわいそうだ。私が男で、発電所の人にさそわれたって、ぜったいいってやるもんか。スライドとえいがをくらべてみると、えいがで見たほうは、ほんとうのことをうつしてなかったみたいだ。スライドのほうが、ほんとうのことをうつしていたみたい。

●べんりだけど、おそろしい：出沢真理子

スライドをみました。ろうどう者をつれてきて、働かせてました。ろうどう者はなにもしりません。何百人何千人という人がつれてこられます。そして、放射能をあびます。原子力発電所で働いている人は、どれだけ放射能をあびたかきろくしているメモ帳をもっているけれども、ろうどう者はもっていません。なにもしらない間に、何が悪かったのかわからないうちにクビにされてしまうのです。そして、体に大量な放射能をあびているのもしらずに、あぶない仕事はみんな、ろうどう者にやらせてしまうのです。原子力発電所の社員は、機かいをうごかして放射能をあびない仕事をしているのです。ろうどう者は、放射能をあびているので、ガンになったりして、どんどん死んでいきます。私はそれでは、ろうどう者がかわいそうだとおもいます。今日のスライドをみて、原子力発電所はべんりだけど、おそろしくなりました。

●ごくらくとじごく：天野剛

ろうどうもんだいのスライドを見た。今日のスライドはげんじつてきだった。「おじさん、かねになるぜ」のあまいことばにのせられて、いってみれば、そととなかは、ごくらくとじごくのさがある。あすしぬかもしれないところではたらいている。

考えが変わった

●堀江さんの話をきいた感想文

◉私の考えのかわり方：山縣慈子

私は最初、原子力発電所というところはボタン一つでそうじゅうしているのかと思った。気持ちよいせつび、空気、かんきょうにあるのかと思った。事故などそうかんたんにおこらず、きゅうきゅう車などは一か月に一度通るか通らないかのことだと思い、いいなあ、私にもできそうと思ってたが、ぜんぜんちがう。

労働者も、一日四千円というお金で、もしかしたらほうしゃのうでいつ死ぬのかわからないのに、たった四千円で、命はお金にかえられないのに。ざんこくだ。ひどい。ボタン一つで安全だと思ったのに。ヘドロにほうしゃのうがはいってるの。私は、ドロなんて機械で動かすと思ったら、ちがう。人にとらせるんだ。

私の前の考えは、きれいなところ、とりあつかいがかんたんなところだと思ったのに、今の考えは〝じごく〟といったところだ。私は、原子力発電は、じごくみたいと思う。

◉放射能は、おそろしい：坪井研一

きのうのえい画は、あぶないとは思っていたけど、今日のスライドは、おそろしいと思った。なかにはいるのに、すきまなくみんなガムテープをはって、放射能が

はいらないようにしている。原子力発電所のなかでは、汗をかいても、汗をふいてはいけない。空気は人工のものだから、のどがかわく。いろんなところに放射能がついているからすわれない、よっかかれない。トイレにいくには、服をかえて、けんさして、シャワーをあびて放射能をとってからトイレにいく。それができなくて、パイプのところでする人がいる。

原子力発電所で働いている人は、けっこんができなかったり、原子力発電所で働くのがいやになって自殺をしたり、赤ちゃんがうめなかったりした。

堀江さんは、マンホールにおちそうになったが、たすかった。だけど、ろっこつがおれた。もう一人の人は、タンクとタンクの橋から落ちて、すぐにたすけなかったから死んでしまった。

放射能がからだについたばあい、シャワーをあびて放射能をとる。けんさしてそれでもとれないばあいは、パックをぬってとる。それでもとれないばあいは、たわしでこするそうだ。

原子力発電所のまわりの子どもたちが一番こわいものは、原子力発電所、二番は口さけ女、三番は先生だそうだ。ぼくは、原子力発電所は、おそろしいものだと思った。放射能をあびて、がんや白血病になって死んだり、原子力発電所で働くのがいやになって自殺をしたりするので、ぼくは、おそろしいなと思った。

◉堀江さんの事故：庵律子

堀江さんは、事故をおこした。マンホールに、いつもはフタがしてあって、ビニールがしてあったのに、フタがしてなく、ビニールがひいてあった。堀江さんはきがつかずに、ふんでしまった。ずぼっとマンホールのなかにはいってしまった。でも、堀江さんは、むねでうけとめた。ほかのろうどうしゃの人たちが助けてくれた。堀江さんは、ろっこつをおってしまった。私は、そこを聞いたとき、私がなったような気がしてこわかった。ひき出されて、堀江さんは、ろうかにねかされた。私は、放射能がつくと、いけないと思った。病院にいって、入院した。私は、そのことをきいて、よかったと思った。私は、堀江さんが、そんなにまでしらべたことを思うと、えらい人だなと思いました。

深いところで問題をとらえる

●子どもたちのまっすぐな目

子どもたちをかんたんに「原発反対」という子にしてはならない。しかし、いま、原子力発電がどういうしくみになっていて、どういう問題をかかえていて、どういう人たちによって支えられ、好むと好まざるとにかかわらずその恩恵をうけているか知らせたかった。

そこから、もしできることなら、もっといい原子力発電は考えられないものか、どうしてもその可能性がないのなら、別なものをつくらなければということを考えさせたかった。これは人ごとでなく、自分が生きていくための問題としてとりくむ姿勢の片鱗《へんりん》りんでももたせたいと思った。

もちろん、いますぐ結論など出るはずはなく、また、子どもたちに出させる必要はない。スライドは、一橋出版の「労働問題」というものだが、子どもたちのまっすぐなうけとめ方、するどい感性にただただ脱帽する。十歳の子どもたちだから、弱い者をかばい、死んでいくもの、病気になったものに胸をいためる心は強い。そういうことに真正面からとりくまなかった原発をすすめている人に対して怒りをもつことは当然であろう。

このスライドをみせたことを、「一方的なものを子どもたちに与えた」という人たちがいたら、そのまえの日にみせた映画も推進側のもので、「一方的」ということになる。子どもたちはけっして、両方とも一方的とはいっていない。そのなかで、まっすぐな目は、的確に問題をとらえている。ただ、まえの日にみせた三本の映画「発電のいろいろ――水力・火力・原子力」「ぼくらの原子力」「放射線管理」に登場した原子力発電所で働いている人たちが、電力会社の社員の人たちであり、比較的にかっこよく描かれていたのに、つぎの日にみたスライドで、子どもたちのまったく知らなかった原発の下請け労働者がいたということを知り、大きなショックをうけている。

「ぼくらの原子力」では、都会に住む小学生が「原子力発電所って、どんなところだろう」という素朴な疑問をもって、おじさんの勤める原子力発電所を見学するのだが、いちばん危険なところで働いている人たちの存在はひとつも知らされていない。その、なんとなく原子力発電所はすばらしいんだという宣伝くささが、子どもたちのするどい感性によってキャッチされてしまった。「えいがで見たほうは、ほんとうのことをうつしてなかったみたいだ」(伊藤望美)、「スライドはげんじつてきだった。『かねになるぜ』のあまいことばにのせられて、いってみれば、そととなかは、ごくらくとじごくのさがある。あすしぬかもしれないところ」(天野剛)というふうに。

「放射線管理」を見て、これだけ気を使って放射能がもれないようにしているから安全だという意図が、

「それほどまでに気をつけなければならないなんて、よっぽど放射能ってこわいんだなあ」というふうに子どもたちは受けとったようだ。かっこよく描いた三本の映画をみたとき、やっぱり子どもたちのどこかに、ことばにはまだなってこなくても、不信があったからこそ、「きょうみたものは現実的な映画だった」「やっぱりこれが原子力のなやみだったんだな」(根岸健)というふうになっていったのだろう。

しかし、わたしは、伊藤ふじ美さんの「でも、お金がたくさんはいるだけで、この仕事をひきうけた人もいけないいなって思います。労働者の人たちは、くやしくないのかなあって思います」ということばのもっているすごさに驚く。下請け労働者をつかっている側に対してでも怒りをもちながら、お金につられて仕事をひきうけてしまった労働者に対しても、「いけないと思います」と彼女はいっているのだ。堀江さんの話をきいて、子どもたちは下請け労働者の仕事やなやみを知り、人間的におおいに心を寄せるが、しかし、やっぱり「お金につられた」労働者に対する腹立たしさも強く心に残している。また、梶圭子さんのいうように「放射能の出ない原発ができるかもしれません」というように、放射能さえ出なければ、便利なものなのに、という気持ちもだいじにしたい。

それにしても、堀江さんの話によって、子どもたちの心は原発反対にかなり傾きかけた。そこで、わたしは翌日からつぎのような映画をみせた。

「原子力発電のより高い信頼性を求めて」(企画：資源エネルギー庁、製作：鹿島映画)

これは、昭和五十年度から通産省によって自主技術による原子炉の改良標準化がおこなわれていることを描いたものである。原子力発電所の定期検査をとおして、原子炉機器の信頼性の向上、作業の合理化、従業員被曝の低減などの目的で行なわれている改良標準化の全容の紹介で、いままで下請け労働者がやっていたことを、機械によってなんとかできないかというこころみである。

「迫りくる一九八五年――わたしたちの生活とエネルギー危機――」（企画：日本青年会議所　製作：鹿島映画）日常つかわれているエネルギーの説明から始まり、日本が直面しているエネルギー問題を海外の実情をふくめて紹介したもので、省エネルギー、原子力開発などを解説している。これをみせたのは、もっとエネルギーについて、原子力発電について考えさせたかったからだ。石油はいつかはなくなる資源である。しかも、さまざまな政治的な問題をはらんでいて、いつ手にはいらなくなるかもしれない。そういうたいへんな問題があるということを子どもたちに考えてもらいたかった。

そして、原子力発電のしくみを正確にとらえてもらうために、「原子炉のしくみ」（企画：科学技術庁・日本原子力研究所）で軽水型原子炉のしくみをみせた。

「海に」（企画：北陸電力、製作：21世紀企画）では、漁業と原子力発電所の関係がえがかれ、現在、問題とされている事項についてわかりやすく説明され、温排水を利用しての魚の養殖を描いている。

原発反対の人たちからみれば、推進側の一方的な考えを子どもたちにうえつけるといわれそうだが、わたしは、子どもたちのなかに人間に視点をあててものをとらえる力が育っていれば、子どもたちのからだは、深いところで問題をとらえることができると思った。

下請け労働者のことがまったく考えられていないのではないこと、エネルギー危機の問題、原子炉の安全性、温排水の利用……、それぞれについて映画は説明している。しかし、「だから、原子力発電所はいいものなのだ。しかたがないものなのだ。必要なものなのだ。それを利用して魚だって育てることができるんだ」という、けっこうずくめの宣伝くささが、子どもが腑に落ちないと首をかしげる原因のようだった。

堀江さんの、人間をほんとうに愛する心と、真相を生命をかけても明らかにしようという心が、子どもたちの心にしっかりとはいったのだ。まず、人間をだいじにする、たとえ、金につられるような弱さをもっていても、まず、人間をだいじにすることからものごとを考えていこうとする堀江さんに、子どもたちの心は動かされたのだ。

しかし、だからといって、子どもたちは、金につられて働いてしまうことを認めてはいない。目さきの利益にとらわれて、結局は生命を失っていくようなことは自分はしたくないと思ったからこそ、「原子力発電所につとめるのはいやだ」(川船淳)、「私が男で、発電所の人にさそわれたって、ぜったいいってやるもんか」(伊藤望美)といっているのである。望美さんのように語調が強くなったのは、金につられて行っている大人への腹だたしさのためなのだろう。

「私は頭はあまりよいほうじゃないから、堀江さんみたいに話してくれると、とてもわかりやすい。はっきりいって堀江さんは話し方がうまい。用意がいい人。一つ一つこまかく教えてくれる人、ことわりきれない人」と石川三樹ちゃんは堀江さんについて書いている。こんなすなおな三樹ちゃんの心にふれると、わたしは思わずだきしめたくなる。三樹ちゃんが堀江さんをうけいれたのは、堀江さんの人柄であり、その人柄のあらわれとしての話によってだった。

授業3

（人間の欲望はどこまで行きつくのか）

みずからの欲望・エゴを問われる

●東京に原発がなくてよかった!?

原発はわたしに、人間のいのちというものを、地球上の一個の生きものとしての自分のあり方・生き方を、問うてきた。わたしのなかにあるはてしない欲望・エゴとの対峙を余儀なくさせた。多くの動植物にことわりなく、自然を破壊し、汚染しているのは、このわたし。このわたしの欲望・エゴが、あふれるばかりの電気をつくりだし、その電気の恩恵の洪水のなかでこの肉体も息をしている。

しかも、子どもたちのつぎのようなことばを耳にしてからは、わたしは、さらに一歩つっこんでわたしのエゴと対峙していかなければならなくなった。

「ああ、東京に原発がなくてよかった」

「おれんちの親戚のあるところに原発がなくてよかった」

堀江邦夫さんが日本にある原発の位置を説明しているとき、子どもたちは無邪気にそう言った。「すなおだなあ」とそのとき、思わずわたしのほおはゆるんだ。しかし、ときがたつにつれ、いつのまにかそのことばは、わたしのからだ深くに沈潜していき、からだのなかに大きなさけめをつくっていた。重苦しい傷であった。あのとき、笑いがほんとうにからだのなかからほとばしりでただけに、その傷は大きく、つらかった。子どものすなおさに笑ったのであったが、わたしにもおなじように、「原発が東京から離れていてよかった」という思いがあったのではないか、いや、あったのだ。

自分に直接関係ないからいい、自分が直接関係しないから平気でいられるというこの共感能力のなさ、自分だけよければいいというエゴ、これが行きつくはては……。もし、そのはてを望まないならば、いまある自分をみつめなおし、変えないことには、責任をいつも社会や他人や制度になすりつける人間になってしまう……。

『東京に原発を！』（JICC出版局）とめぐりあった。著者は、『原子力発電とは何か……』（野草社）の編集責任者とおなじ、広瀬隆さん。その本のタイトル『東京に原発を！』の下には、なんと、「欲望の行きつく果てに……」と書いてあるではないか！　広瀬さんはまえがきで書いている。

> もの の本を読んでいると、原発について、「賛成」「反対」と、さまざまな見解が発表されているが、そのどれもが、石油にはじまり、自然エネルギーとの対比で物語をしめくくっている。本書もまた、石油と自然エネルギーについて少々語ったが、本質的なことは、このような無味乾燥な物体にあるのではない。われわれ一人ひとりの体内に宿る欲望が原

子力都市を誕生させた泉と言えよう。（略）

にわとりを殺した授業をふりかえる

●肉は食べるが、殺すのはいやだ

三月十二日、午後一時三十分、親子でいっしょに考える授業の最後として行なった父母会に参加するお母さんたちがほとんど全員、それにただ一人のお父さんである児玉さんが教室にはいってきた。授業を始めようとするころ、おどろいたことに、『東京に原発を！』の著者・広瀬さんが、はいってきた。

授業は、にわとりを殺した日のことを親子で思いおこし、お母さんたちの考えと子どもたちの考えをお互いに出しあって、親子で自分のなかのエゴを、まず、みつめてみることからスタートした。殺して食べた日に、親と子それぞれが感じたことを出していった。

庵(母)――「この子たちとおなじ年ごろに毎年、暮れに、父がにわとりをバラしてくれました。卵の黄身が五、六個でてくるのをドキドキしてみていました。心のかたすみに、ちょっとかわいそうという気もあったのですけど、くちばしから血がでるのを興味をもってみていました。砂袋を父が開いて、〝こんなのがはいっているんだよ〟と教えてくれたり、腸をずうっとひらいてくれて、〝これは、とってもおいしいんだよ。全部たべられるんだよ〟といったのをおぼえています。

にわとりを殺したとき、娘に〝殺すところ、みていたの？〟ってききましたら、〝うん、みていた〟というので、親として満足しました。最初から最後まで、一部始終をみていたことに、とても感激しました」

梶（母）――「自分でも驚いているんです。子どもたちが逃げたのはわかるような気がするし、〝あれっ？〟という気もする。でも、強引にやらせてよかったと、私は思いました。そうすれば、身近なことになりますから。

最初は子どもたちがにわとりを持って逃げまわっているのを見て、どうなるのかしらとすごく心配でした。いよいよトリがさかさにされて、血をポタポタたらしているのを見たときは、私も思わず涙が出ました。見ていられませんでした。胸のなかにしばらく、苦しいというかせつないというか、うまく理解できないものがかたまって残ってしまいました。それで、かわいそうと思いながらニワトリを包丁で切っていたんです。

そのうち、切っていることに快感を覚えはじめた。すごく夢中になってやっちゃったんです。気がついたら包丁をふりまわしていたという感じ……。だから、自分のなかに、へんな残虐性みたいなものがあるのではないかという気もしたんです。

帰ってからも、手を近づけると、顔をそむけたくなるほど、トリのにおいが残っているんです。でも、帰ってからも平気でまた食べちゃったんですよ。自分で殺したトリなんだなと思って、すごくだいじに食べました」

わたし――「そのあとのことを補足します。『土の絵本』（すばる書房）の田島征三さんの文章を読んだんです。

（お母さんたち、子どもたち、ほかの参観している人たちに、内容をかいつまんで話す。）

わたしが田島さんの文章を読んだとき、さつきちゃんはどう思ったか覚えている？」

さつき――「犬の肉も肉屋さんで売られるようになれば、だれでも平気で犬の肉を食べるようになると思った」

わたし――「うん、自分の子がどう思ったかは、子どもたちの作文をまとめた文集でみてもらうとして、田島さんの考えをきいたとき、もちろん、ひとりひとりとらえ方はちがいましたが、大半の子の考え方に変化がおきたんですね。大ざっぱな言い方ですが、ただ、かわいそうだというだけではだめなんじゃないか、という考えをもったようなんです。

人が殺したものは食べられるけれど、自分が殺すのはいやだ。人が殺したものはおいしいと食べるくせに、にわとりを殺すことを仕事とするのはいやだ。そして、そういう動物を殺すのを仕事にしている人と結婚したくない……、何か、おかしい……。お母さんたちは、どうでしょう、そういう仕事をしている人を結婚の相手に選びますか？　……子どもたちは、いやがりました。……」

母親たち――「…………」

わたし――「にわとりを殺したつぎの日の給食のシチューには、なんと、にわとりの肉がいっぱいだったね」

子ども――「そうなんだよなー」

わたし――「にわとりを殺すとき泣いた人も、〝にわとりさん、ごめんなさい〟って、食べちゃった」

子ども――「そう」

わたし――「ふじ美ちゃんは、にわとりを殺したくないといって、ずうっと泣いていたよね。でも、食べていますね。生駒さんも最後まで泣いていたね。にわとりが、まるで自分の親や兄弟のような気がしたよね。ぜったいに殺したくないといって抱いていたそのにわとりを、よりによって、わたしがとりあげて、〝よくみておきなさい〟といって、首をひねり、首の毛をむしり、切ってさかさまにし、血を出し、湯につけ、毛を全部むしり、肉をバラして、やいて食べました。お母さんたちも殺しました……」

お母さんたちも、子どもたちも沈黙していた。「人が殺したものは平気で食べるが、自分が殺すのはいやだ」ということは、いったいどういうことなのか。そう考える自分について考えてもらおうと、みんなにきいた。子どもたちは、母親たちがなんと答えるのだろうかと、その顔をちらちらと見ていた。母親たちは考えていた。その目はしばらくとまどいの表情をあらわしていた。でも、少しずつ集中しはじめた。沈黙しているる母子のまえで、わたしも自分に問うてみたが、ことばはでてこなかった。〝性急にことばにする必要はないではないか。かんたんにことばで表現できない内容だからこそ沈黙したのだ。この沈黙がそのことを雄弁に語っている。これからずっと考えていく問題なのだ〟とわたしは思い、「原発の授業」へはいっていった。

電気をたくさん使うのはだれ？

●東京に原発をつくることの利点

わたし——「堀江さんがきたとき、原発がつくられているところ、これからつくられようとしている場所の説明があった。覚えている？」

子ども——「覚えているよ」

わたし——「そのとき、東京にはないのを知って、みんな〝ああ、よかった〟といった」

根岸——「うん、いまもそう思っているよ」

わたし——「新潟の柏崎市を堀江さんがさしたとき、親戚がそこになくてよかったと……」

松井——「そうだよ、なくてよかったよ」

わたし——「そのとき、みんなが〝ああ、よかった〟というのをきいて、無邪気だなあ、正直だなあと笑っちゃったんです。ところが、それが、だんだんつらくなって……。〝自分の住んでいるところから離れているから、ああ、よかった〟という気持ちがわたしのなかにあるのを知って……。これじゃ、あなたたちに、〝少しはひとのことを考えてみてよ〟なんてえらそうなことという資格がないなあと……。人の殺したものは平気でたべるけど、自分が殺すのはいやだ。みるのも残酷だから、みたくもない。……食べられていくものが、苦しんで死んでいったことを考えもしない……」

子ども——「…………」

母親たち——「…………」

わたし——「電気を使っているのはだれ？」

子ども——「おれたちなんだよね、残念なことに」

わたし——「いちばんつかっている人たちの住んでいるところは？」

子ども——「東京」

子ども——「都市」

わたし——「そうですね。この本をみてください」（『東京に原発を！』の本をみせる。）

子ども——「えっ、東京に原発をつくるの？」

子ども——「いやだよ」

子ども——「うそでしょう。そんなの」

わたし——「いや？　東京に原発をつくると、いなかにつくるよりも、どんなにいいことがあるか、考えてみようと思うの。きょうは、この本をかいた広瀬さんが偶然、来ているので、広瀬さんに話してもらおうと思うのだけれど……。広瀬さん、突然で申しわけありませんが、お願いできますか」（広瀬さんは一瞬おどろき、立ちあがる。）

広瀬――「東京に原発をつくると、いいことあると思う？」

子ども――「少しはあると思う」

広瀬――「それが少しではないんだ。なぜかというと……。福島の原子力発電所でおこした電気を、東京のおじさんのうちまでもってくるとすると……、電気は空をとんでくるのかな？」

子ども――「電線」

広瀬――「東京につくれば、電気を運ぶための送電線がたくさんいらなくなるね」

子ども――「やっぱり」

広瀬――「送電線にかかる費用は……。青森に原子力発電所をたてたとすると、送電線は八百キロメートルくらい必要。それをお金にすると、六千億円。六千億円て、どのくらいか、大きくてわからないでしょ」

子ども――「わかる」（一億のタイルづくりをしているので、こう答えたのかもしれない。）

広瀬――「でも、そんなお金、みたことないでしょ。どのくらい大きいかというと、原子力発電所を一つたてるのに、いちばん大きな柏崎の原子力発電所に四千億円かかっている」

子ども――「ええっ」

広瀬――「もし、ここに（地図で青森を示しながら）一つつくるとすれば、送電線のぶんもあわせて一兆円くらいかかるでしょ。東京につくるとすれば、二つ以上つくれるでしょ」

子ども――「お金がすごくもうかる」

広瀬――「ただお金だけじゃなくて、温排水……。温排水ってわかる？」

子ども――「わかる」

広瀬――「温は？」

子ども――「あたたかい、あたたかい排水」

広瀬――「そう、つまり、お湯ね。原子炉のなかで核分裂をおこすと、ものすごい高熱ができるわけです。そこにすごいはやさで水を通していくと、そのあいだに熱湯になる。そして、水が蒸気になって、その蒸気でタービンをまわして、発電機で電気をつくるのね。残ったお湯は、まだあつい、さわれないぐらいに。原子力発電所は、いま、ほとんどが海のまわりにあるでしょ」

子ども――「不思議に」

広瀬――「そう、不思議にね。どうしてなんだろう」

子ども――「わかった。海の水でひやすの」

広瀬――「そう、海の水をもってきて、ひやすんだよね。じつは、電気というのは、エネルギーなんです。エネルギーは、いろいろに形が変わる。電灯は光のエネルギーに変わるわけだし、いま、カセットテープをまわしているのは運動のエネルギーに変わっているわけだ。そういうふうにいろいろに変わるんです。そして、原子力発電所では、熱エネルギーをつくって、それで水を水蒸気にし、タービンをまわして電気をつくるんだ。そして、使いきれなかったエネルギーは海に流す。

この電気になったエネルギーと、海に捨てられるエネルギーと、どちらのほうが大きいと思う？」

子ども――「水にすてられるほう」

広瀬――「そう。三倍から四倍くらい、捨てているエネルギーのほうが大きいんだ。それを海へ捨てているんだね。つまり、海があたたかくなっているんだ」

子ども――「魚が育ちやすくなるんだよ」

広瀬――「そうだね。そこでハマチが歌っているんだね。(手拍子で) 朝寝、朝酒、朝湯が大好きで……とね(笑い)。

養殖場で魚がどんどん大きくなるけれど、よく考えてみると、石油がなくなるから、あんまりエネルギーは捨てたくないんだ。もっと使えるようにしたい。だから、そのエネルギーを東京へもってくる、みんなの家へ。そのためには、東京に原子力発電所を建てればいい」

子ども――「ええっ！ うわあ、おそろしい！」

広瀬――「電気の四倍くらいのエネルギーがお湯となってみんなの家へくる。スチームというの知ってる？ 水蒸気をパイプのなかにとおして、そのパイプをへやにもってくると、へやのなかがあたたかくなるでしょ。いままで海に捨てていたものを、みんなの家へもってくる。そのエネルギーの量というのは、いま、日本で火力発電所がつくっているエネルギーとおなじくらいの大きさなんだ。石油のねだんが高くなっているから、二兆円とか五兆円くらいもうかる。

それから、原発をつくるのに賛成する人といやだという人がいると、どうなる？」

子ども――「けんかになる」

広瀬――「東京や大阪の人が電気がほしいからといって、原発が建設される地方の人が、村や町中でけんかをしなけりゃならなくなっているんだけど、東京につくれば、都会の人のために地方の人どうしがけんかをするということがなくなるから、都会の人も少しは心が痛まなくなるでしょ」

このあと、スチームのシステムと、新宿に原発をつくったと仮定したときのジャイアント・セントラル・ヒーティングの構造についてふれた。そして、最後に、原子力発電のプロセスをOHPで順をおって説明しながら、原発のもっている問題点を整理していった。

西暦二〇〇〇年の地球はどうなる？

●原発にかわるものは？

わたし――「東京に原発をつくることになったら、どうする？」
子ども――「いやだよ」
わたし――「どうして？」
井田――「ぼくは放射能が好きじゃない」
根岸――「わたしも放射能をかぶりたくない」
梶――「放射線もれがぜったいになければつくってもいい。百パーセントなければ」
松井――「放射能が絶対にもれないで、補償金をひとり一億円くらいくれれば」
わたし――「松井君の家の家族は？」
松井――「八人。だから、八億円」
わたし――「八億円くれればつくってもいいわけね」
伊藤――「放射能がぜんぜんないものができて、補償金だけほしい。八億円あれば、北海道か外国へひっこす」

異議をとなえるものが出て騒然となる。子どもたちに未来像を描かせたくなった。原発以外の可能性が子どもたちに描かれなければ、絶望的になってしまう。子どもたちにその可能性を伝えたくなった。そこで、「西暦二〇〇〇年の地球」（アメリカ合衆国政府が調査したもの）のなかの、二〇一五年のスウェーデンのエネルギー政策を黒板に書いて説明してみることにした。二〇一五年のスウェーデンは、原発をなくし、水力、風力、太陽電池、水中エネルギー、バイオマス（エネルギーを植物栽培を利用してつくる）といった方向になる。

子どもたちは、わたしの予想をはるかにこえて、スウェーデンのソーラー・システムに大きな関心を示した。「日本ではそういう計画はどうなっているのか」「研究されているのか」と真剣に問うてきた。残念ながら、まだ日本では、こういうプランも出されていず、研究費もあまりないという返事をした。子どもたちはそのことを怒り、がっかりし、「ああ、二〇一五年になったら、スウェーデンにひっこしたい」と言いだすしまつ。

「もしそうしたいのなら、それをやっていくのが、あなたたちの仕事なのではないかしら。新宿に原発をつくって、地方の人たちに負担をかけないようにするのがさきか、原発にかわる、もっと安全なものをつくりあげることがさきか……」。わたしはこういう、あいまいな言い方しかできなかった。大人として恥ずかしかった。

人間とはなにか、生きるとはなにか

●子どもたちの感想文

◉じゅ業についてのかんそう：岡本佳子

ほりえ先生のじゅぎょうのとき、みんなから「原子力発電所が東京になくってよかった」というはつげんがあった。私もそう思っていたんだけど、このじゅ業のとき、先生が言ったしゅんかん、はっとし、自分たちだけよくて、しらない人や、かんけいない人は、そこの町に原子力があってもいいようになる。

あと、日本でいちばん電気をつかうのは、都市で、東京や大阪です。ところが、そこの東京や大阪には、原子力がなく、ほかの町で東京都など都市の人たちのみんなのために、けんかをしているところがあります。もとをたどっていくと、みんな東京みたいな都市が、わるいんだと思います。しん宿に原子力がたつとしたら、私は、どういっていいかわかりません。もし、死のはいみたいのがとんでこなかったらいいと思います。でも、しん宿に原子力をつくるのは、はんたい。

◉生きる：山縣慈子

よごれをうすめる。ということは、最初、人の目をごまかすということだ、と思った。でも、そうかんたんにごまかせない。やがて人にもどってくるから、しょくぶつとなって食べ物となってもどってくるから。

うすめてものこる、どくは……。どんなにうすめてものこる。たとえば、地球上ぜんぶの水とどくの一てきでも。その人がしんでもどくは、ある。ふえるばかり。どくは、ふえる。どくはのこる。人々がほろびても。どうへらしても、どんなことをしても。

でも、みんな土になる。生命は土にもどる。私は、どくを食べて、どくをのんでるかもしれない。

原子力発電は、反対だ。とくに新宿なんてできたら気がくるっちゃう。でも、私は新宿には土地がないとおもう。でもしできたとしたら、新宿は都心だからほうしゃのうがジワーババァバーと広がるにきまってる。山の……おうめやおく多摩だっていいではないか。

私は原子力なんて好きではないのに、それを大人達がやってるんだ。大人は日本をしょってるのだから、私達にはしったことないと思うが、そう思うのは、ほんの三びょう。私のいえにきてる電気が原子力かもしれない。いえのなかをあかるくてらすでんきは必ようだが、原子力はつでんだけではない。水力、火力、太陽熱、ほかにもいろいろあるとおもう。ほうしゃのうにかんするはつでんしょをみんなぶちこわして、ほうしゃのうにかんけいないものをつくりましょう、と思う。

これが私の本心だ。

いま、ふと思ったが、私もよく考えると、反対してるのではないか。東京でんりよくのしゃちょうやえらいおじさんのいえのにわにたてればいいと思う。そしたら原子力のこわさがわかって、みんなぶちこわすかもしれない。それどころでなく、世界にも反対うんどうがおこるかもしれない。

そういうふうに考えると、くすっとわらいそう。私はぜいたくだから、ぜったいにほうしゃのうのないくにへいくんだ。スウェーデンがいいな。

◉広瀬さんの話：梶圭子

東京には原発を作りたくない。全国の原発をなくそう。そのかわりに、水力、風力、いらない物をもやす火力にする。みんながこわがるのは、ほうしゃのうだから、ほうしゃのうなんか出なければいい。

＜みどりの会の会員の人へ＞

「みどりのかい」は原発反対をしたいのでは？　電気を一ばんつかう東京の人から反たいを……と思っているのでは？　そうでなくて、本当に作るのなら、省エネ運どうを先にやります。

◉にわとりにあやまらなくては：伊藤ふじ美

いまさらとは思うけど、私はにわとりにあやまらなくてはいけない。にわとりを殺すのを気持ち悪がった私は、牛やにわとりを殺している人々をさべつをしていました。他の人がやってくれると食べられて、自分がやると食べられないというのは、まちがっていました。

いまは、にわとりのことでさべつしてしまって悪かったと思っても、日がたつにつれて、しまいには、わすれ、またそういう時期がきて、またわすれのくりかえしをするでしょう。だから、私はそのようなことがないように気をつけなければいけないと思います。まさかこれがさべつとは思わなかったけど、いまでは、よーく心にしみます。

私は、東京には、原発をたててほしくないといってたけど、自分のところだけよくて、ほかのところは、原発があってもいいっていうのは、自分かってすぎたようです。

◉こわいものをたどると……：川崎隆之

戦争とはこわいものだ。それに、原子力もこわい。そのこわいものをたどっていくと、なんでも人間になる。ぼくは、人間て、なんてこわい生き物なんだろうと思う。核兵器にも原ばくというおそろしいものがあるし、そういうものを、どのようなことで作るんだろう。

ニワトリを殺して食べる。ぼくは、気持ちがわるい。殺した人は、よくできるなあと思う。でも、その気持ち悪いものを食べるぼくもへんだ。

パウロ二世が広島をおとずれたとき、新聞記事に、地球上にたくさんの水爆があるとでていた。そのことを知って信江ちゃんは自分をみつめる。

◉わたしはなぜか自分がこわい：根岸信江

信じられない。人間が信じられない。すごいばくだんが百三十万もある。それが三十こあれば、地球のみんなが死ぬ。死ぬ。死ぬ。死ぬ。……。戦争なんかもやりたくない。わたしは二学期のときとかわらない。ぜったい戦争反対、反対、反対……。

わたしが思う人間は、残こくな人間。その人間のなかにわたしがはいっている。

わたしはいま一番いいたいことは、なぜあんなにこわいばくだんを発明したんだろう。わたしはなぜか自分がこわい。

◉ぼくとは：川船淳

ぼくは生き物を食べる。そのためには生き物を殺さなければならない。生き物を殺すことは、殺すほうはいいけど、殺されるほうはとてもいやだと思う。動物や植物を殺しているだけではなく、戦争をして殺しあっているときもある。人間はバカだと思う。生き物を殺してばかりいるからだ。

◉ぼくとは：松井淳一郎

ぼくとは、人間だ。人間とは、わからないものだ。どういうふうにわからないかというと、ぼくにはわからない。一つか二つならわかる。一つは、人間とは、よくきがかわるものだ。二つめは、他人にまかせっぱなしだ。こんなことじゃだめだから、ちゃんとするようにすればいいと思う。

◉ぼくとは……：坪井研一

ぼくとは、肉や野菜などを食べている。その肉や野菜は、みんな生きている。ふつう、どうってことないが、食べられるほうになってみるということは、殺されるということだ。もしぼくがだれかにたべられたらいやだ。それとおなじで、動物もおなじだ。

◉ぼくとは：伊藤正洋

ぼくとは、どういう人間なんだろうか、わからない。動物のなかで一ばんすぐれている人間は、なにがすぐれているんだろうか。人間はよくばりで、きがコロコロとかわる。それで自分のしたいことは、だいたいできるけど、動物は、かわいそうだ。人間にかわれたりしているからだ。動物たちは、自然のくらしをしてないとおもう。人間も自然のなかでいきればいいとおもいます。

◉生きていくことは殺さなければいけない：小林千恵

にわとりのことははんせいした。たべなければいけなかった。この世におそろしいことはいっぱいある。戦争、人を殺すこと、いじめること。自分の生きていくこと。生きていくことは殺さなければいけない。

岡本佳子さんの作文の最後の文は、「しん宿に原子力をつくるのは、さんせいでもないし、はんたいでもない」とはじめ書かれていたが、それに線をひいて消して、「はんたい」と書きなおされていた。こういう迷いは、佳子さんだけでなく、クラスの三分の一くらいの子がそうであった。原発を利用している自分たちのことを考えれば反対といえず、さりとて、こわい原発にはやっぱり反対という気持ちの葛藤。

しかし、そういうことは、「悪かったと思ってても、しまいは、わすれ、またそういう時期がきて、またわすれのくりかえしをするでしょう」というように、にわとり殺しの日のことを思い出したふじ美さんは自分を客観視してみる。客観視しているという点では、山縣慈子ちゃんが、原発を電力会社の「しゃちょうのいえのにわにたてればいい」という自分の発想に、ふっと思わずわらってしまっているところは、すごい。そんなに原発、原発というのなら、原発が安全だというのなら、自分の庭にたてて、その安全を証明してほしいということでもあるし、もう少し、つくられた地方のことを考えてほしいという大人への願いでもある。

「こわいものをたどっていくと、なんでも人間になる」という川崎君、「残こくな人間。その人間のなかにわたしがはいっている」という根岸信江さん。彼女は、四月から自分とのつらいたたかいをつづけてきただけに、このことばはズシリとした重さをもっている。「わたしはなぜか自分がこわい」というその自分のみつめ方のきびしさに、信江ちゃんという子どものすごさを感じる。

あまり口数の多くない川船君、どちらかといえば、いじめられがちだった川船君と、少しひかえめな坪井君は、さすが自分の存在のしかたから、殺される者の側に自分をおいて考える。

にわとり殺しの日に泣いていた女子が、すぐそのあとでその肉を食べたことが、ずっと心に残っていた松井君は、「人間とは、よくきがかわるものだ」という。これ以後、彼は、自分の心がよく変わるのを発見する。

人間はすぐれているといわれているが、「なにがすぐれているんだろうか」といい、自然のなかでほかの動物たちとバランスをとって生きることを主張する伊藤君。「生きていくことは殺さなければいけない」という小林千恵ちゃん。これはもう、賢治の描いた「よだかの星」の世界だ。このことの苦しみと悲しさはなんと説明すればいいだろう。インドの北、ラダックのチィクセゴンパの輪廻《りんね》の図が思い出される。人は、ずっと古来からこの問題になやみ、この問題を追求しつづけてきているのではないだろうか。

つぎに岡本教枝ちゃんの文章を紹介したい。「にわとり」「原発」「パウロ二世」の授業のあとに彼女は、自分をみつめながら、こう考えた。

◉わたしとは：岡本教枝

なぜ人間は、人間といえるのだろう。生きているからなのだろうか。そうすると、ネコたちだって生きているのは、ぜんぶ人ということになる。ネコやイヌがどうぶつだとすると、人もどうぶつということになる。というと、にわとりも人ということになる。だから、わたしたちは人をたべているということにもなる。人が人をたべるなんて、このよは、どうなっているのだろう。それから、人はいきているものしかたべたことがない。だから、どう物（人）が、人（どう物）をたべたと、かわりがないことだと思う。

生駒奈摘子ちゃんもネコがすきだが、この教枝ちゃんのねこずきは、ただごとではない。捨てられたねこをみつけては、つぎつぎ受けいれて、たくさんのネコのめんどうをみている。

最初に彼女の家を訪問したときは、家の外もへいのうえも家のなかも、ネコ、ネコ、ネコだった。そのネコと人間を完全に対等にならべているすごさに、わたしはびっくりぎょうてんした。思わず身をひきしめ、正座した。わたしが、「動物もみんな生きている」なんて甘ちょろいことばで表現しているのとはちがうのだ。いきなり「なぜ人間は」と一気に切りだし、「人間といえるのだろう」と問う。

ずっと以前から、ネコと接したときから、ネコと生活をともにするようになったときから、教枝ちゃんのからだがキャッチしていた疑問が、いま、ここでやっとことばという形になってでてきた！とわたしは思った。そして、教枝ちゃんは、ネコと人間である自分を対等にならべたうえで、客観的に、ある距離をもって、からだで思考していることを一つ一つことば化している。

彼女のからだは、人間をネコよりも優位におく世間の考えに対して、ずっと疑問を抱きつづけていた。だから、優位におく根拠がないことを彼女はいいたくてしかたがなかった。だから、「生きているのを人間」というのなら、「ネコたちだって生きているのは、ぜんぶ人ということになる」。ネコよりりっぱだといわれている人間にネコだってなるというのは、そういう意味だろう。そして、にわとり、どうぶつを殺して食べることは、人を食べることと同じだ、このみごとな指摘をなんと表現すればいいのだろう。「みんな生きている友だちなんだ」という次元なんて、彼女には問題外なのだ。

「人が人をたべるなんて、このよは、どうなっているのだろう」。まさにそのとおり。生きものを食べることとは、まぎれもなく「人が人をくう」ことである。わざわざ最後は、（　）までつかって、「だから、どう物（人）が、人（どう物）をたべたと、かわりがないことだと思う」と自分にも読者にも、一つ一つ確かめ、いいきかせるように書いているのにおよんでは、「うーん」とうなって、ことばがでない。

この世は、まさに字のとおり「人が人をくう世の中」だが、ネコ、イヌ、ニワトリを、人と対等にとらえている教枝ちゃんにとっては、この「人が人を食べている世」は、もっともっとすごい地獄図としておおいかぶさってくる現実の世なのだ。

わたしは、この教枝ちゃんの描く地獄図のなかに、原爆も、原発も、戦争もおいてみていた。なんと、それらは地獄の巨大な怪物であった。巨大な怪物は口をあけて、いまも、ヒトもひとも人ものみこんでいるではないか！　しかも、この地獄がすくわれないのは、その怪物をつくっているのが人間であるということに、人間が気づいていないことだ。ヒトであり、ひとであり、人である自分であることに気づいていないのだ。みんな、だれもが「ひと」のせいにしている。

「まだ人をくったことのない子どもはいるはずだ、子どもを救え」といったのは中国の魯迅だが、人をくったことのない人だけしか、人をくうことをやめようとしている人だけしか、この地獄を変えることはできない。自分をみつめ、自分のエゴとのたたかいをしないかぎり……。

おとなはどう答えるか

●授業を終えて

「にわとりを殺して食べる」「原爆」「戦争」「原発」の授業をとおして、自分をみつめ、いのちを考える授業はすすんできた。そして、パウロ二世が来日中に語った「広島は平和の原点」ということばの意味を考えあったり、現在、世界にある核爆弾の実態や、平和への祈りを語っている被爆者のことばを子どもたちに紹介したりして終わりにした。

しかし、自分をみつめ、いのちを考える授業は、子どもたちを育てている父母が、日々の生活のなかで、その全存在をかけてわが子のからだに語りつづけていることのなかで進行しつづけている。母親たちは、日々の子どもたちのからだが語ることば、うめき、さけび、喜び、悲しみ、訴えなどを、そのいのちがのびていきたがっている方向を、どれだけの深さで感じとっているのだろうか。

なまいきな言い方を許してもらうなら、親たちがまず自分の生きざまを、自分のからだの声をきくということから、とらえなおすということから始めなければならないだろう。理念とか、理屈とかいう頭の次元で「いのち」をとらえても、からだはほんとうに納得しはしないからだ。

学校の授業は、子どもたちの存在に大きな影響を与えることもあるが、そして、大きな転機への一つのきっかけにもなるが、しかし、なんといっても親の影響は決定的といえるほどの力をもつ。親がどう自分をみつめ、どう生きているのか。それに子どもたちの現在も、未来もかかっている、といっても過言ではないだろう。これは、理念や理屈の次元ではなく、からだの次元の問題なのだ。それはまさに、子どものからだの奥までひっつかんで左右してしまう授業なのだ。

アメリカ合衆国政府の調査による『西暦二〇〇〇年の地球』（家の光社）は、人類がもうとりかえしのつかないようなたいへんなところまで環境を破壊してしまっている状況を描きだしている。これらの状況をつくったのは、われわれ大人である。ことは、もう地球規模で考えねばならないところまできている。

敦賀原子力発電所で事故が起きたつぎの朝、職員室のまえには、出勤するわたしを待つ子どもたちの姿があった。（五年生になってクラスがえになっていた。）

「先生、堀江さんの話のとおりだった」

「どうしよう」

「わたしたちの話を大人はきいてくれるかしら、先生！」

わたしは、ことばが出なかった。

「子どもだっていうことで、話をきいてくれないんじゃない？」

わたしには、この子どもたちに正面からこたえることばがない！

この記録を『ひと』誌に載せたとき、「なぜ、この授業をしたのか」の記録（四十ページ）を読んだ伊藤ふじ美さんから感想の手紙がきた。

◉鳥山先生へ：伊藤ふじ美

先生、ほんとうは自分の口から言いたいけど、ひまがないので、これに書きました。私は、『ひと』の八月号をひととおり読んでから思いました。四年生の四月からはいってきた私は、生駒なっちゃんがこんなふうに私たちのことを見ていたとは

思いませんでした。私はいま、なっちゃんと同じクラスです。なっちゃんはいきいきとして活発でみんなの先頭に立つような人です。私はいま、なっちゃんと同じゆくに行っています。行きも帰りもクラスの人のことや、先生のことを話しています。なっちゃんを見ていると、私はつくづく「なっちゃんて、なんでこんないきいきとしているのかなあ」と思います。

私はもう一度、人ということをみんなで考えたいなあと思っています。それから、五くみのときにやった学習発表会のげきの一つ『よだかの星』のたかの役をやったせいか、ほんのすこーし人前に立つときのはずかしさが消えてきました。私はいま集会委員のレクたんとうです。この前、雨の日の集会のとき司会をやりました。テレビ放送だったけど、みんなの前で話せたことがうれしいです。

私はいま、いつも、ちぢこまっていてみんなから見放されてだんだん小さくなって、すてられていくえんぴつのように自分のことを感じるほど、なっちゃんは堂々としています。いま考えると、あの学習発表会は、私にとっては前まで気づかなかった私をさがしだしてくれた、まほうつかいです。いま、なにもかもがかわっていくような気がします。四年のときにおとなしかったみっちも、学校を休みがちだった長尾君も、私もみんな新しくかわっていくように思います。このごろはかぜもあまりひかなくなりました。先生、どうもありがとう。

七月七日

子どもとともに授業に参加して

母親たちの話しあい

梶栗子、後藤由紀子、牟田敏子、川船紀子、坪井宏子、伊藤陽子、石川栄子、山縣幸枝、安本英子

去年一年間、教室の内と外で子どもたちは鳥山先生といっしょにさまざまな体験をしてきました。そのなかで子どもたちは、それぞれに自分のありかたを見つめながら変化していきました。その姿を見つめつづけた親たちには、どんなことがみえはじめたのでしょうか。子どもたちのありのままの姿がみえるようになったでしょうか。

授業やそのほかの活動に参加したときの自分の気持ちや姿、あるいは、子どもたちの感想文を中心に、私たち親が体験した一年間の授業というものを、あらためて考えなおしてみたいと思いました。

「にわとりを殺して食べる授業」から「原発の授業」まで、授業に参加した人もしなかった人も、それぞれの感じ方をたいせつにしながら、自分や子どものことを話し

あおうと座談会を計画しました。林竹二先生の授業『人間について』のフィルムを見たあとで、にわとり殺しの授業を中心に話しあいました。

★

山縣――「にわとりを殺したあと、どのくらいたったころでしょうかね。下の子が食事のとき、豚肉を残したんです。そしたら、慈子が『大ちゃん、それを残したら豚がかわいそうだよ』と言った。だまってきいていたら、下の子の『なんでだよ』という疑問に、『だって、大ちゃんが食べるために豚を一頭殺したんだから、それをゴミ箱に捨てちゃったら、豚の生命がなくなっちゃう。大ちゃんが食べれば、あとになって大ちゃんが子どもを産んだりするときになってそこに残るよ』とポツンと言ったんです。ああ、授業をして、『生命』というものをそのようにとらえるようになったんだなと思いました。自分のからだにはいって、それがまたいつか一つの生命として生まれてくるということを感じとったようです」

石川――「うちの子は、いまだに鶏肉はイヤって言いますね。あの授業のときは、すごく残酷だったけど、殺してしまったんだから申しわけないって肉を食べたらしいんですけど」

梶――「圭子は、にわとりを殺す授業以来、自分の考えをもたないといけないという意識が芽生えはじめたみたい。殺したものを食べているということを、頭のなかで考えたというのではなく、くるしみ死んでいくにわとりをまえにして事実としてつきつけられてきたんですね。そのことをつきつけられたとき、ほかの子が泣いたようには、あの子のからだはならなかった。あのときは、女の子たちがみんな泣いているなかで、圭子はぜんぜん泣かないで野菜を切る仕事をやっていたのね。まわりに流されない子だなと思ったんですけど、周囲とのかかわりをもとうとするより、ひとりで想像の世界にのめりこんでいる状態なんでしょうか」

鳥山――「うん、圭子ちゃんは他人がどうかっていうことはあまり関係ないようね。まず、自分の内側から動いてくるものに正直なんですよね。でも、圭子ちゃんのからだはちゃんと他者をみている。つまり、人との関係は意識しているんです。深く自分に集中している状態ということではないのかな」

坪井――「うちの子はテレビの外科手術の場面などは身をのりだすように見ていたのに、にわとり殺しのときは、見ないようにして逃げまわっていたのは意外でした。でも、原発の授業のころからは、〝死〟ということに関心をもちはじめたみたいで、よくそのことを口にします」

鳥山――「坪井君って、ちょっと身のこなしにぎこちないとこがあって、ボールもあんまり投げられない子だったんですね。それがある劣等感をうんでいた。でも、どっかでひらきなおって、それが無理がなくて明るいのね。おそらく、ひらきなおる過程がとってもていねいに進行したんだと思う。やけくそになってひらきなおったんじゃなくて、うまくできない自分や、うまくやれる他者をみとめることができるようになったんだと思う。そういう坪井君をお母さんや友だちがうまく受けいれていったんでしょうね。だから、いまは、確実に一つ一つ自分のものにしているって感じね。

途中で転校してきた川船君はどう？　最初は、チック症状がひどかった時期がつづいたけど……」

川船――「うちの子は進んでものごとにかかわりをもとうとしないところがあって、にわとり殺しのときも、まわりでウロウロしていたんですよ。感想文も事実を書いていているていどなので、あまり変わり方がつかめないんです。ひとりっ子なので、私が口うるさくなるんじゃないかという気があって、わたし自身が、なるべく子どもを見ないようにセーブしていたせいかなとも思うんですけど……」

鳥山――「でも、ことばをひかえていても、川船さんのからだは子どものあり方をそのまま全部は受け入れていない。どこかイラだっているところがある。お母さんが川船君を見ないようにしているということが、もう無理をしていることでしょう。不自然になっているわけよね。その不自然さは、川船君に伝わっているということなんです。それを川船君のからだはみごとにキャッチして、それでチック症状も長くつづいた。でも、もうなくなったでしょう」

安本――「うちの子も感想文のなかではあまり変化をみつけられないんだけど、三年生まではあまり周囲のことを考えないで思ったことを口に出していたみたいなのね。でも、この一年は、ずいぶん変わった」

鳥山――「どういうふうに？」

安本――「寡黙になって、親がうっかりものを言うと、〝何もわからないのに口を出すな〟と怒ったりするんです」

鳥山――「活発に発言したりすることが一般にいいことだとみられているでしょ。でも、ことばって、そんなものじゃないということを安本君のからだが気づきはじめたのよね」

伊藤――「うちの娘は性格的にクールで、周囲に気を使わないマイペースで進むタイプの子だったんですが、この一年をふりかえると、周囲の人や社会とのかかわりをかなり意識しはじめましたね。新聞を読んだり、友だちのことを心配したり……」

石川――「そう、原発の授業があってからは、テレビのニュースなんかにも敏感になったみたい。一方で、まえは飼っている生きものが死ぬと、ひどく悲しみにうちひしがれるような子だったのが、最近は死というものを冷静に受けとめることができるようになったみたい」

鳥山――「有理ちゃんのお母さんは、どうですか」

後藤――「有理子がにわとりを殺せなかったとき、ちょっとふがいないと思ったんですが、彼女は感想文のなかで、『絶対にわとりは食べないと、自分もほかの女の子たちも言っていたのに、ものすごくおなかがすくと食べたいなという気持ちが出てきたのがなさけない』と表現しているんです。それを読んだとき、じつは、飢えをがまんできない自分、生きものを殺して食べなければ生きられない自分の立場を、そういう表現で見とおしてるんだなと見なおしたんです。その気持ちはあとで、田島征三さんの『土の絵本』の授業が終わった段階で変わってきて、犬を食べてみたいと思いはじめたりして、その変化がおもしろいなと思ったんです。

今年、あの子は、友だち関係のなかでいろいろのことがあって、感受性が強いので傷ついたりして、鳥山先生にはずいぶん支えてもらったんですけど……」

鳥山――「有理ちゃんの場合は、たしかに感受性が強くてよく傷ついたんだけど、それがすぐからだにあらわれた。よくおなかのあたりをさして、『ここにかたまりがある。いたい』というふうに。それで、友だちから離れてひとりでいたいと、そのからだがいっているようなときには保健室へつれていき、そうでないときはそのままにしていたんです」

後藤――「そういうなかで、あの子の場合は、自分をみつめることが深くなったみたいに思います。自分の体験から、殺されるにわとりや宮沢賢治のよだかに自分のことを同一化していたところもあったようですね。ただ四年生のなかばごろからは、まわりの友だちも変わっていくなかで、自分もやりたいことができるようになっていった。そういうふうに強くなると、逆に友だちへの思いやりがもてなくなったことに気づいて、そのことがまたみじめだと感想文に書いていますね。クラスのなかでも、強い者・弱い者、差別する者・される者という立場は固定したものではなく、いつでも逆転するものだということ、喉元すぎれば熱さを忘れて、相手のことがみえなくなってしまう、ということを少しわかったんではないかと思ってるんですけど……」

牟田――「うちの子の場合、いままで外にあらわれなかった臆病さがにわとり殺しのときにはっきりしたと思うんです。親に似ているんですよ。外側には正義感が強くて、自分で決めたことはやりとおすという強さをみせるんですが……。ただ、人まえで何かをやることがひどく恥ずかしがっていたのが、クラスの学習発表会の劇でちょっと克服できたみたいです」

★

「子どもは、周囲の大人の期待にあわせて自分を変えていきます。しかも、そのホンネの部分に。周囲の大人には、親・教師などがいますが、教師の仕事は、親のホンネと一致したとき、子どもに大きくその影響を与えられるもので、なによりも大きいのは親の影響です。子どもは親をみています。親の〝ことば〟と同時に、親が〝からだ〟で発するメッセージをも。いや、むしろそちらのほうをこそ感じているのかもしれません。となると、親は、自分が子どもに何を求めているのか、頭だけでなく、からだを含めてしる必要があるでしょう」

これは、この一年、鳥山先生がくりかえし私たちに伝えてくださったメッセージです。

自分自身のありかたをしる。それは、自分のいまの感覚や考えの根源を探ることでもあります。今日まで生きてきたあいだに、自分のからだに深く、あるいは浅く浸みこんでいるさまざまの感覚や考えをもう一度、解き放ってみつめてみることでもありましょう。これは、じつは、ひじょうにむずかしいことです。すでにかたちづくられているもので、それなりに生きていけると思ってしまえば、そんなめんどうなことはだれだってやりたくないのですから……。

でも、子どもは黙っていません。正直に反応します。その反応を、自分への訴えであると認識することで、親は自身をみつめなおすチャンスを得ることになるのではないでしょうか。

子どもたちの文集を読み、そのいのちの躍動にふれて、自分たちの考えを深めていこうというグループがいま、鳥山先生のクラスの父母のあいだから生まれています。まだ会合を六回ほどもっただけですが、回をかさねていくなかで、きょう話しあったことをさらに深めていけるかもしれない、と期待しているのですが……。

II

生と性と死を考える

授業1

飼育から屠殺《とさつ》まで

授業が創りだされるまで

食べものとしての肉について知らなすぎる

一九八二年の秋のある日、『ひと』の読者から部厚い手紙がとどいた。和歌山県の中辺路町立近野小学校の倉田昌紀・辻本雅彦さんからだった。「原爆から原発へ、生命を考える」の一連の授業記録を読み、その夏の全国「ひと塾」(『ひと』誌の読者を中心にして開かれる研究会)でも、わたしの話をきいたというかたたちだった。手紙には、五、六年生と父母・教師での、「にわとりを殺して食べる」授業の計画と報告がくわしく書かれていた。その手紙を、わたしは、その当時うけもっていた砂長裕子ちゃんの両親の祥子・嘉雄さんにみせた。二人はそれを一晩かけて読んだ。嘉雄さんはいった。

「先生は、なぜ、豚《ぶた》でなく、にわとりにしたんですか。豚を殺して食べるのでもよかったんではないの」

当時、「にわとりを殺して食べる」というだけで「残酷である」としかとらえない人もいたが、豚とは！ その意外なことばに驚き、一瞬、返答のことばを失った。べつににわとりにこだわったわけではなかった。すぐ身近に、これ以上生かしておくとエサ代がかさむにわとりがいたということ、かつてクラスの父母であった大野さんが、それを提供してくれたということ、それに、食肉にするには「手軽であった」ことだ。

「半月もまえですかね、銀行に行ったとき、『毎日グラフ』でみたんですけど、豚は暗室で育てられ、屠殺場へいくまでの二時間くらいしか日に当たらないんですってね」

「えっ、ほんとうですか」

「ずいぶんまえのモーニングショーでみたんですが、飼育された豚の何十パーセントかが病気をもっているんだってね。病気もちの豚を食べれば、人間のからだにだってなんらかの影響があるでしょ。それ以来、いっさい豚肉が食べられなくなったんですよ」

「それだけに反面、豚に興味があるわけね」。祥子さんがことばをはさむ。

鶏肉《とり》、豚肉、牛肉のいずれにしても、わたしは食肉のことについてなに一つ知識がないな。これほどずっと食べつづけてきたのに。二人の話を聞いて、そう思った。

「いつからだろう。肉を常食とするようになったのは」

お互い自分の歴史のなかから肉に焦点を当てて記憶をたぐりよせる。じっくりと多様な方面から対象に向かっていこうと思う。仏教の殺生肉食禁断の教え。馬頭観音、死んだ牛馬はどうしたのだろう。家畜に対するとらえ方は？　エサは何を食べているのか。いま、豚や牛はどのようにして育てられているのだろうか。具体的な疑問がつぎつぎと湧いてくる。そもそも食べものとしての肉についてあまりにも知らなさすぎる！

翌日、砂長祥子さんが教室にとびこんできた。販売店に手配し、やっと手に入れてくれた『毎日グラフ』二冊を持って。「天高く豚肥ゆるの秋」（一九八二年十一月十四日号）、おそれいりました！『毎日グラフ』から知ったこと。

① 豚種の変化。中型ヨークシャーからバークシャー、デュロック、ランドレース、大ヨークシャー。

② 豚は大型種で脂肉の少ない赤肉系。

③ 飼料の変化。昔は残飯、ふすま、米のとぎ汁、芋類。百キロに成育するのに一年。いまは、アメリカからくるトウモロコシが六、七割、麦類二割に、そのほか、という高カロリー飼料。

④ 住まいの変化。狭いスペースで集団生活。

⑤ 飼料効率よく運動不足。すぐ肥満豚。生まれて半年もたてば百キロから百二十キロ。あえなく屠場《とじょう》へ。

⑥ 肉豚は、F1、F2と養豚《ようとん》家のあいだで呼ばれる一代交配、二代交配の雑種。雑種のほうが病気にも強く、肉質もよい。食卓にあがる豚肉の九十八パーセントは、これ。

⑦ 交配種を作るのは有色系のデュロックやバークシャーの雄豚と、ランドレース、大ヨークシャーなど白色の雌《めす》。種豚《たねぶた》のなかで現在、多く使われるのが褐色のデュロ

ック。昭和四十三年にわが国に輸入された品種。

⑧いい種豚の決め手は、生まれた子豚の百キロまでの成育日数、一キロ増えるに要した飼料の量、ロースの長さ、脂の厚さ。

⑨子の成績がよければ、種豚は肉用とちがって、数年間は生きながらえる。十年近くも働いた雄もなかにはいるが、それでも三年から五年というのが平均寿命。

⑩雌もせっせといい子を産んで（年二回も）、四、五年で母親役のお役ご免。母豚ははじめのうちは子豚にまじめに乳をくれて気を配るが、三、四年と生みつづけているうちに、いいかげんになり、子豚を踏みつぶしたり、授乳中に乳房で窒息させたりする。

⑪子豚は生まれて二、三日で、自分の吸う乳首が決まる。一回のお産で十〜十二頭。それは乳頭の数にほぼ一致する。

⑫いまの豚舎は屎尿《しにょう》処理もよく、餌《えさ》も栄養十分のためか、キーキーブーブーも聞こえず、横になったまま。

⑬生後約一か月の子豚は、親からひき離されて集団移住。

残念ながら、砂長さんがわたしに話してくれた窓のないまっ暗な豚舎のことは、これにはふれていなかった。

「飼料もよくなったかわりに、飼われる側にとってはトンと短命になったようだ」「食卓へ向かってつぎつぎと旅だつ食欲の秋、人も肥ゆれば豚も肥える、食われるために生まれてくる豚の哀歌」と軽妙なタッチで書かれた文章とは反対に、「まずい」「もう、おなかいっぱい」といって、給食で、食堂で、飲食店でどんどん捨てられる肉を思い出し、大きなため息がでた。

なにもこんなに捨てられるほど、豚が殺されなくったっていいんじゃないの。べつにこんなに肉をたべなくったって生きていけるのに。生きもののいのちをどう考えているんだろう。もしかしたら、家畜のいのちをだいじにしないことと、人間のいのちがそまつにあつかわれていることとは、関係あるのかもしれない！

よし、「人間と肉」の授業をつくっていこう。

暗闇のなかで飼育される豚たち

仙台での全国「ひと塾」の会場である東六郷小学校。一九八二年十一月二十一日。分科会で「にわとり」の授業の話がでた。「いま、豚肉、牛肉、鶏肉のことを調べていて、またちがった角度から〝生命を考える〟授業を考えている」と話した。分科会の終了後、栃木県立那須農業高校の永嶋秀一郎さんが、「もし、本気で調べたいんなら、ぼくのところでそれに関係している先生がいるから、きいてみてもいいですよ」といってくれた。こんなうれしい話はめったにない。声を大きくして言ってみるものだ。

十二月初旬、栃木から連絡があり、冬休みになったら行きたいと答えた。

十二月二十六日、朝六時に家をでて、上野をまわって西那須野についたときは、午前十一時まえ。雪が降っていた。きょう一日、車を運転してくれるのは、永嶋さんの教え子の八木沢義雄さん。

車で十五分ばかりいった広い畑のなかに、栃木県で二番目だという、大きな養豚場があった。県立那須農業高校の先生の紹介だ。そこの若主人は、宇野嘉則さん。二十五、六歳くらいの人だ。初対面のわたしたちにじつにていねいに話をしてくださった。わたしは、まず、いちばんききたかったことからきいた。

「窓がないって、ほんとうですか」

窓がないまっ暗なところにいれられ、うごめいている豚を想像するだけでもつらいのだ。

「ええ、そのほうがストレスがおきず、発育状態もいいのです」

「でも、宇宙飛行士もまっ暗なところにとじこめられたり、宇宙船のなかにとじこめられたりすると、気がおかしくなるっていうんで、かなり訓練するでしょ。それとおなじで、かえってストレスがたまるんじゃないかしら」

どうしてだろう、ストレスがおきないなんて。ストレスさえおきないような、生きもの性そのものをぬきとってしまっているのかしら。ストレスをおこす自由さえ奪っているのではないか。ただただ、やわらかい肉のかたまりとしてしかみていないのでは。

「病気はどうですか」

「牛、豚のように足のつめが二つにわかれているものには、仮性狂犬病が多い。オーエスキー病も外から病原菌が運ばれてくる。病気になったら、もちろん出荷停止、移動停止です」ときびしい口調。

餌《えき》の配合、豚の寿命、お産、種つけ、母豚育成、餌の給与、出荷……と説明がつづく。

「早いのは、四か月半で出荷します。平均で五か月から五か月半。体重は、百二、三キログラム。一キログラムあたり六百八十円くらい。うちは、週単位で出荷しています。地方もあるけど、東京が多いですね」

「糞尿《ふんにょう》は浄化槽《じょうかそう》にあつめ、発酵、乾燥させ、ゴルフ場の芝生へまいたり、バキュームカーで桑畑へまいたりです。月の電気代だけでも百万円をこします」

「お産の一週間まえに分娩舎《ぶんべんしゃ》に入れます。うまれたあと、ここで十八日〜二十日間、授乳をし、つぎに子豚育成舎に移し、一か月半、そこで育てます。ここは全面スノコじきになっています。つぎに三か月間、ウインドウレス（窓のない豚舎）で育てます。ここは、餌も全自動になっていて、ボタン一つでパイプをとおって流れていきます。糞尿の処理も、スノコの下に口径百ミリのパイプラインがあり、スクリッパーという機械で全部さらっていけるようにしています。水洗も全部自動です」

豚の交配。血液型不適合による奇型豚も生まれることがあるという。

「種がついていても、ついていない表情をしているのもいりゃ、種がついてないカラッパラなのに、ついているようにみえるのもいる」

人間にもそういうのはあるな、想像妊娠とか。

なにはともあれ、まずは現場を見たい。事務所に寄った宇野さんが持ってきたものは、まっ白い長靴と白衣。病気をうつさないためだ。なにやら興奮してくる。借りたかさをさして、豚舎へ。入り口に白い液のはいった水槽。これが消毒槽だ。菌を豚舎のなかへ運びこまないためのもの！　ていねいに消毒してはいる。

目を足もとの長靴から宇野さんに移すと、宇野さんは、たくさんのスイッチのついた機械のまえに立っていた。配合飼料をパイプから送り出すスイッチ、水洗のスイッチ、温度調節のスイッチ、スクリッパーを動かすスイッチと、まあ、たくさんのスイッチがあるではないか。そのうちのいくつかを押し、さらに奥の豚房へ通じる扉をあけた。静かで、豚のいる気配さえなかったところから、いっせいにブーブーと鳴き声があがった。中通路の左右には豚房がずうっとずうっとつづき、豚のにおいなどトンとしない。寝床も排泄《はいせつ》するところも、ごみ一つないという表現がけっしてオーバーでないほど、これが豚舎かと思えるほど、汚れはなかった。

一つ一つの豚房は、たて一・六メートル、横三・一メートルの広さで、そのなかには十五頭ばかりの豚がいれられていた。それらの豚房が中通路の左右にかぎりもなくつづいている。どの豚房へいっても、つぎつぎと子豚たちが鳴きながら波のように押しよせ、仲間をかきわけてやってくる。その目のさびしそうなこと、うつろなこと。生きているたくましさ、強さ、あたたかさはそこからは感じられない。

「きれいでしょ」

宇野さんの声。はっとしてこたえる。

「きれいですね。この電気が消えるとまっ暗なんですね」

「ええ」

「早く出ないと、ストレスがたまりますね」

豚房の扉をでて、ふり返った。

「中通路は、まだまだずっと長いんですよ。むこうのほうまで電気をつけてみましょうか」

言いおわらないうちに、宇野さんはスイッチをいれた。豚房を左右にわけた中通路は、スイッチが入れられるたびに、手まえのほうからのびていき、百メートルもむこうまでつづいていた。

「すごい！」

「じゃあ、消しますよ」

中通路は逆に奥のほうからちぢまり、やがてまっ暗に。と、「ほら」、宇野さんの声。ふりむくと、天井にあるたくさんのスプリンクラーがいっせいにまわりはじめていた。一瞬、わたしには、それがついさっき説明してくれた、一時間ごとにふってくる消毒液だとは思えなかった。闇のなかにさしこむ、この扉からの外光のなかで、その白い液は美しく輝いてさえみえた。

「あれは、さっき説明したスプリンクラーからでている消毒液です。ちょうど三時なので出たのです」

★

豚舎にすきまなく広がったやさしい美しい霧は、そのことばで一瞬のうちに消毒液の霧にかえられてしまった。と、わたしのからだは、豚になり、闇のなかで消毒液の霧を浴びていた。宇野さんが扉をしめると、豚舎のなかはふたたび静かになった。

外は雨まじりの雪が、まだ降りつづいていた。私のからだは、お礼をいわなきゃならないと思うからだと、闇のなかの豚の魂がとりついたからだに二分され、口から出ることばがうわついて、声も自分のものとは思えなかった。見も知らぬわたしたちに、忙しいなかを三時間も話してくださったのに、わたしの心は重くなるばかりだった。

生まれてくる自由すら奪われた家畜たち

宇野さんの養豚場をあとに、つぎは永嶋さんのかつての教え子である高根沢英喜さんのところへ。かなり車をとばし、ついたときは、もうまわりがやっと見えるぐらいに夕闇がたちこめていた。ちょうど獣医さんがきていて、肺炎をおこしてちっともよくならないという子牛にリンゲル注射をしていた。英喜さんの両親の沈んでいる気持ちが伝わってくる。

ここは、和牛の繁殖農家だ。繁殖農家というのは、牛を生ませ、九〜十か月まで育てて、二百五十キログラムから二百六十キログラムで市場に出す農家のことだ。繁殖農家から牛を買いとって育てるのが肥育農家で、そこでは、二十四か月から三十か月くらい育てて、五百キログラムから七百キログラムまで育てて、市場に出すという。

繁殖農家である父親の高根沢秋男さんの仕事は、じょうぶで質のよい牛をつくって育てるということだ。メス牛に入れる精液は、冷凍にしたものを盛岡から手に入れるという。一回の手数料は、三千五百円～四千円。いいやつをかけあわせようと思っても、いいものはみんなほしがるので、なかなか手にはいらない。それに一回ですぐ受精するとはかぎらない。去年の種つけ成功率はだいたい一・七回分の一だという。

「牛の妊娠期間は十月《とつき》と十日。人間とおなじ。種つけしたら三月《みつき》ひいて、十をたせば、出産予定日が出る。授乳は五～六か月」

これも人間とおなじだ！

「出産後、早い牛で三十日～四十日後で妊娠できる。平均六十日くらいだけど」

ひどい！　したくなくったって妊娠させられる。

「エサをたくさんやりすぎて、脂肪を多くすると種がつきにくい。一回で種がつくのは中肉中背のやつ」

「十か月ぐらいから発情がくるが、種つけは、十四か月～十五か月の牛からはじめる」

「メスの肉牛は安いよ。メス牛は肥育に向かない。大きくなったメス牛は発情があるから肉がつかないといわれ、一キログラム千円、一頭二十四万から二十五万どまりで肥育農家にわたす。系統のいいのは五十万～六十万円くらい。わたしが売ったなかでいちばん高い牛は七十二万だったかな。ふつうは四十～五十万、このあいだは三十四万で、ひどかった。えさ代に一月一万円、九～十か月で十万円。四十万で売れても、一頭につき二十万の純益があるかどうかというところかな」

「ということは一か月にすると、一万～二万円。きびしいですね」

「メス牛はわるいときは十万円代で、エサ代にもならないよ」

繁殖農家では、オスは百日以内に去勢をするという。去勢をしないと、＊肉質がよくない。＊オスのにお

★

いがついてしまう。＊発育もとまる。＊発情期にあばれる。などの問題がおきる、という。飼料のこと、牛の運動のこと、皮膚の色のことなどはじめて知ることばかりだった。

食べる自由も、セックスの自由も、生きるというもっとも根源的な自由も、いや、そもそも生まれてくる自由も、なにもかも人間に奪われてしまった家畜たちよ。わたしはなにも知らなかったんだ、いままで。言いあらわしようのない悲しい気持ちでわたしは永嶋さんの家へもどった。人間は、なんてひどいことをしつづけているのだろう。そうなのだ、豚性も牛性も奪ってしまった人間は、じつはみずからの人間性も奪ってしまっているのだ！

翌十二月二十七日、これまた永嶋さんの教え子・津久井厚志さんの車で、自由学園の牧場へ。八十六町歩もあるという広い牧場。一重幸助さんが牧場の歴史から乳牛のことまで、なんでも話してくれた。話をききながらわたしのからだは、すっかり牛とおなじメスの生きものになってしまったようだった。

「わたしも子どもを生んだあと母乳を飲ませていたんだけど、とってもつかれてね、吸われると、すごく疲れが出るの。夜の授乳のときなどすうっと引きこまれるようにねむくなったんです。それにおちちをやると、おなかすくのね。甘いものがやたらとほしくなったり——だから、牛だってつかれるんじゃないかしら」

また、わたしは、とりわけ牛の性にこだわりを覚えた。液体窒素で零下百九十六度に冷凍された精液を、○・五ミリリットル入りのストローで注入され、生まされる牛たち。一度もセックスすることもなく、まったく管理された性。もし、わたしがそんな目にあったら……。人間であることによって、人間が生きるためのすべての行為は正当化される。いいのだろうか、こんなことで。

三十日、「原発」の授業以来の友人・堀江邦夫さんに西那須野でみてきたウインドウレスの豚舎の話をする。

「鳥山さん、平沢正夫さんの書いた、『家畜に何が起きているか』(平凡社)という本があるよ。あれ読んでみたら?」

ひとと動物の生と性と死を考える

三学期にはいり、すぐ本屋めぐりをした。十一日、中野図書館に出かけていった。あった。

『家畜に何が起きているか』(平凡社、平沢正夫著)、『上手な豚の飼い方』(農山漁村文化協会、加藤政信著)、『乳牛の生理と飼養』(農山漁村文化協会、原茂ほか著)、『日本の馬と牛』(東書選書、市川健夫著)、『日本の農耕』(農山漁村文化協会、守田志郎著)。

帰りの電車のなかで一気に『上手な豚の飼い方』を半分まで読んだ。あのウインドウレス豚舎とまったくちがう飼い方、人間の子どもを育てるのとおなじ方法が書いてあった。こうして本で家畜のことを調べているわたしに、永嶋さんから手紙がきた。

「牛の飼料に関するスライドを見ました。乳牛の場合でしたが、乾乳期(出産二か月前?)に濃厚飼料のみですごすと出産できぬほど体力が低下したり、後産《あとざん》障害や起立不能すらひきおこしたりするなどの内容でした。ほかに体をつくるためには、粗飼料が欠かせない。濃厚飼料は乳を出すためのエサなのだ、など、わかりやすいものでした。(千葉県の獣医師・渡辺高俊氏のデータを中心とした農文協制作のスライドでテープつきです。)同様の形式のスライドで畜産の歴史に関するものもあるそうです。(中略)

また、図書館から、農業技術大系（畜産関係で部厚いのが七巻あります）をかり出しました。豚のウインドウレス豚舎までは（パラパラめくった段階では）出ていないようですが、かなりくわしく記されています。（後略）」

わたしは、さっそく大手町の農協ビル七階にある農文協に出かけていった。本を読んでいても、映像の力をかりないとわかりにくいところがあったからだ。映画とスライドをとおせば、もっと深く理解できるにちがいない。

渡辺泰雄さんほか二人のかたが、わたしの質問や願いに親切にこたえてくれる。映画「子豚の上手な育て方」「乳牛のしつけ」をはじめとして、スライド「畜産シリーズ」「栽培環境シリーズ」などたくさんあった。買えば四〜六万もするものだが、やっぱりほしい。なんとか生活をくふうすれば、お金は捻出《ねんしゅつ》できるだろう。思いきって「畜産シリーズ」をかうことにした。

ついでに、農文協出版の本も購入。『百姓入門記』（小松恒夫）、『畜産技術論』（西田周作）、『ユートピアと食生活』（田村真八郎）、『上手な豚の飼い方』（加藤政信）、『日本型食生活の歴史』（安達巖）、『石油文明の次は何か』（槌田劭）、『乳牛の生理と飼養』（原茂ほか）、『日本の農耕』（守田志郎）、『畜産乙』（高校教科書）。映画をかりる手配もした。

人間が家畜を〝飼う〟ということはどういうことだろう。〝育てる〟こととどうちがうのだろう。人間としての自分の血とブタの血はどこでつながっているのだろう。人間が食糧として育てているのだから、人間の勝手にしていいのだとは、どうしてもわりきって考えられない。しかし、人間は家畜を食べることをやめられない。

〝飼う〟ということを授業の一つの柱にして、飼うこととの変化と、食べものに対する人間の考え方の変化、思想の変化を子どもたちといっしょに追求していったらどうだろうか。それを生命の歴史、人間の歴史、個人の歴史のなかでとらえなおし、自分の立っている位置をみつけていったらどうだろうか。また、人間のからだと豚や牛のからだを比較し、いのちあるおなじ生きものとして、この地球に、いま生きていることをとらえなおしてみたらどうだろうか。授業のイメージは少し具体的になってきた。

豚、牛のことを調べはじめて一年七か月がたった。その間、教室や演劇研究所で〝飼う〟ということをテーマにした授業をしてきた。

最初、考えていた「人間と肉」の授業は、生きているものの「生と性と死を考える」授業へと変化していった。豚や牛をただ食べものとしてみることが、わたしにはできなかった。おなじ生きものとして、いやむしろ、もっとも残酷なことを平気でしている生きもの、動物として人間をとらえるようになっていた。

「生きるということ」「性」「死」を、豚も牛もヒトもおなじ線上にならべて考えてみよう。人間優位の考えが当然という考え方のなかで、どのくらい授業でやれるかわからないが、人間のためならすべてが許されるという考えと、なんとか対決してみたい。

「生」「性」「死」をどうつなげるか、それは、授業をうける人たち一人一人のやることだ。わたしは、あえてそれをつなげることをしないようにしよう。わたしが感じた「生」「性」「死」のある場面を提示し、わたしの感想を述べるだけにしてみよう。

「生」では、豚や牛がどう生きているかということを、ヒトが生きるということと対置して、「性」では、豚とヒトのセックスを、そして、うまれてくるまでの過程を、「死」では、人間の死と、殺されていく豚や牛たちのことをとりあげよう。

こうして、一九八四年七月七日、七夕の日の午後二時から、三年三組の教室で授業を始めることにした。

いま担任している三年生には少しむりなテーマなので、参加は呼びかけなかった。この授業は、五年まえの「にわとりを殺して食べる」授業に参加した子どもたち（いまは中学二年生になった）や親たちにぜひ参加してもらって、いっしょに考えたいと思った。それに、わたしの友人にもきてもらいたいと思った。あまりたくさんになりすぎても困るので、ごく身近にいる人だけに声をかけた。

年齢のちがった人たちがおなじテーマで学びあうフリー・スクールとでもいおうか。当日はお母さんたちの参加も多かった。小学四年生から四十歳すぎの人まで五十人をこえる人たちが教室に集まり、いっぱいになったところで授業を始めた。

牛と豚の死の授業

牛と豚の屠殺

わたし――「もう何年も、たくさんの肉をたべてきた。鶏、牛、豚、羊。それはいつも、もうすでに殺され、商品になって売られていた肉だけど、もとはみんな生きていたもの。わたしたち人間とそっくりな胎児の時期をとおり、この世に生まれ出てきたもの。

動物たちもわたしたちとおなじようにセックスをし、子どもを生み、育て、食べ、病気になったりしながら生きてきた。それらの動物を食するために、人間はどうやって殺しているのだろう、毎日、毎日、……」

（だれも何もいわない。考えてみたことがないという顔をしている。）

孝祥（4年）――「ギロチン？」

わたし――「いきなり首をスパッと切りおとすの。どうやって？（孝祥君は首をかしげた。）ずっと長いあいだ、肉をたべてきたのよね」

塚本（32歳）――「あのう、牛の場合は、ハンマーみたいなものでたたいているのじゃないかな」（ほかの人たちは、わからないという顔をしている。）

わたし――「牛の場合ね。じゃ、牛がどうやって殺されているのかをさきにやりましょうか」（絵①を配る。）

わたし――「塚本さんのいったとおりなの。ハンマーをもって立っている位置は、正面じゃなく、牛の横なんです。ひとりがまず、牛一頭が通れるくらいの狭い通路をとおって屠室《としつ》……、屠室というのは牛を殺すへ

絵①

やのことですが、屠室へつれてくる。その屠室にはいる寸前のところで、鉄のハンマーをもった人、その人は、牛の正面ではなく横に立って構えているのね。屠室にはいる寸前、牛のここ（おでこのまんなかをさす）をねらって骨をくだくほど思いっしぐさきり強くたたく（ハンマーをふりおろすしぐさ）。たたかれた牛は、一瞬、飛びあがり、後ろ足のひざをおってくずれるの。

わたしがみたときには、一回では倒れず、三回目にふわっとくずれたの。それをみて、案内してくれた人が、『いまのは失敗。ほんとうは一回で倒れる』といったの。失敗すると、人間の十倍もの体重のある牛が怒って反撃してくるでしょう。だから、殺している人も必死なんでしょうね。人間のほうは、肉にするという目的のために牛を殺しているのですが、牛のほうは、なぜなぐられるか、わからないんですから、怒り狂うと思うのです。豚の場合も、……おなじなんです」（絵②を配る。）

わたし――「いまは、この絵のようにハンマーで殺すのではなく、電気で殺すの。電気ごてみたいなものを首というか頭にあてて、電気を流して気絶させるの。二百二十ボルトの強い電流。家庭でつかっているのは百ボルトだから、倍以上ある電流ね。電気ショックで気絶させるの。

ショックで倒れた豚は、すぐ、のどを切られる。のどを切るのです、のどからおなかにかけて。血がドッドッと、ボコボコとふき出してくる。……血が残っていると、肉はまずいんだって。それにくさりやすいんだって。だから、その血をとるために、にわとりとおなじように……のどをさくの。わたしがみたときは、このおなかのあたりの腸が出かかるところくらいまで、そう、五十センチくらい一気にさいていた。ナイフはよく切れるように、しょっちゅう砥《と》いでいるのね。片手にヤスリをもっていて砥ぐ。そのよく砥いだナイフでさくの。血がドッと出てとび散るわけ……。

終わったら、さかさまにぶらさげる。にわとりとこれもおなじでしょ。ぶらさげるといっても重いでしょ。

ブタ肉生産工場

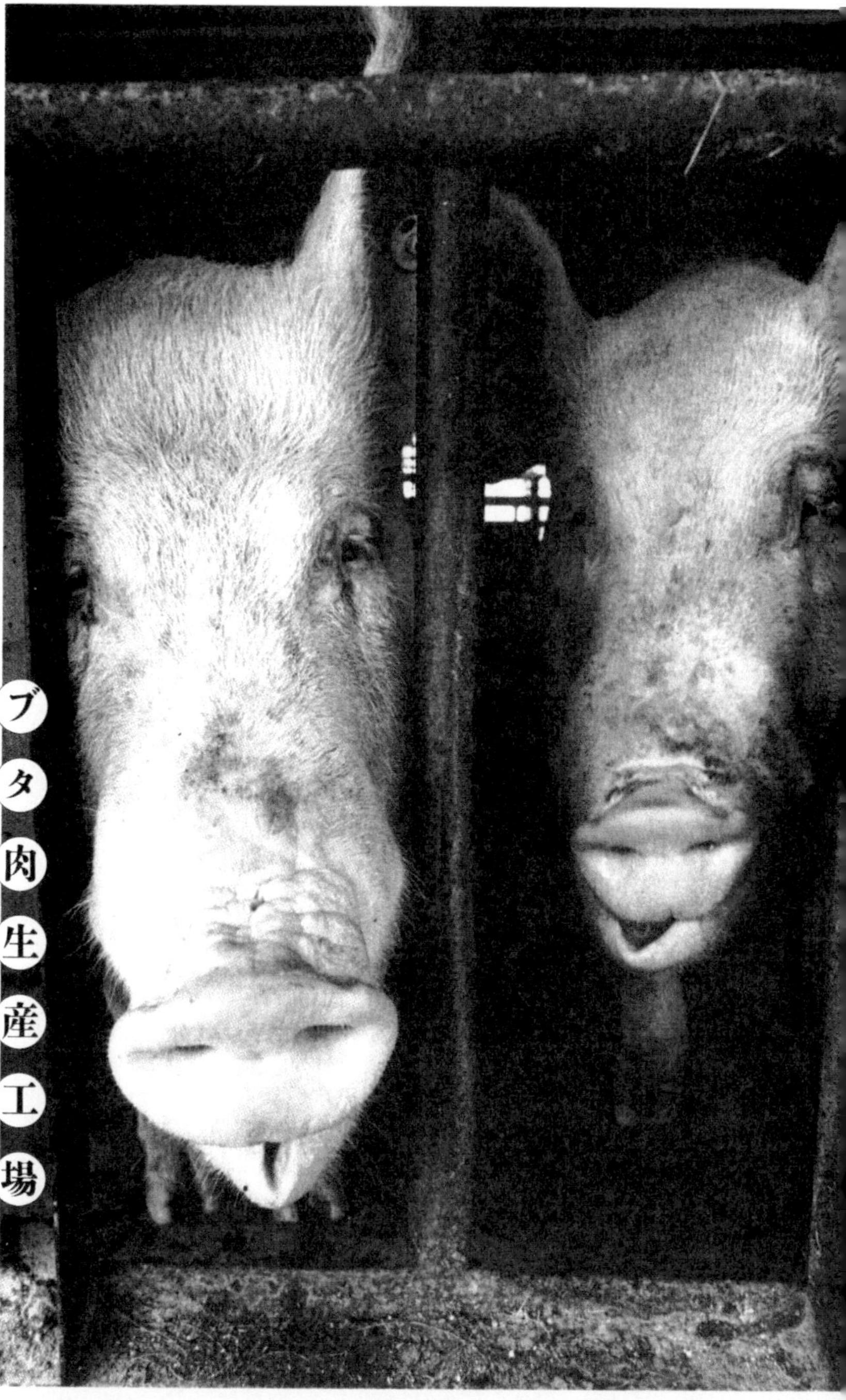

食肉市場にて

絵②

どうしているかというと、天井についているレールからつり針のような太いかぎがぶらさがっていて、その太いかぎにもう一つ、とりはずしのきく太いかぎ、こんなかっこうをしているの――

二股《また》になっているから股かぎっていわれてるんだけど――がぶらさがっている。そのとりはずしのきく二股にわかれたかぎを、人間でいえば、ちょうどひざのあたりかな、そこへぐいっぐいっと片足ずつさしこむの。そして、豚をさしこんだかぎを、天井のカギにひっかけるの。昔は、丈夫な綱で足をむすばれて屠場の柱にくくりつけられたんだそうです。

　その天井からぶらさがっているカギは、レールにはまっていて、二階へとひき上げられるのだけど……。こう両足をひらいたまま、のどをさかれて、つるされた豚が、内臓も少しはみ出しかかったまま、二階の作業場へのぼっていくの。働いている人は、つぎからつぎへと屠室につれられてくる豚をすばやく殺していくの。のどからおなかまで裂かれて、ぶらさがったまま二階へと運ばれていく豚をわたしみたいにみているひまはないの。朝八時から昼十二時まで一休みするひまもなく、二つの屠室で処理していくの。

　屠室っていうのは、この教室の半分より少し狭いくらいの部屋で、二つあるの。一方の屠室の豚を殺しているあいだに、一方の屠室へは、検査し終わって健康体と証明された豚が一頭ずつ追いこまれてくるのね。一つの屠室に入れられた豚の数は、わたしがみたときには十六頭だった。

　そのときは、もう、まえに殺された豚の血で、屠室の床、コンクリートだったんだけど、まっ赤だった。血でぬるっとしているからかどうかわからないけど、はいってきた白い豚がわたしの目のまえで、つるっとすべったみたいだったのね。立ち上がったときは、もう白い毛はまっ赤。

　大量の血は、小さな血の川をつくって流れ、集められていくの。わたしがみたところでは、屋外にあるたてと横が一・五メートルくらいのコンクリートの池に、まっかな血が集められていた。手をいれれば、まだそのぬくもりが残っているような血の池。これは、かわかして粉にして、こやしにするんだって」

内臓をとられ、皮をむかれる

わたし――「インクラインという斜めに上がっていくレールによって二階に運ばれてきた豚は、ぶらさげられたまま、こんどは内臓を摘出されるの。まず、この股のところにナイフがさしこまれ、内臓を傷つけないようにおなかのところまで裂かれる(わたしのからだをつかって説明する)。すると、おなかのなかの内臓がはみ出してくるの。でも、からだのなかにくっついているから、それをナイフではがして、とり出すの、手をつっこんで。その内臓は動いているの。まだ生きているから、ピクピク、ヒクヒク動いているの。

内臓はベルトコンベアみたいなもののうえにのっけられて、検査する人によって病気がないかどうか調べられるのね。調べる豚の九十パーセント、九割くらいがなんらかの内臓の病気になっているんだって。それは、検査する人の目によってみつけられていくのね。黙視っていうのね。病気にかかっている部分の内臓は食べられないから、すぐ切りとられて、クレゾール液がかけられるの。そうしておかないと、その内臓が盗まれて売られたり、なにかに利用されたりするおそれがあるからだって。だから、すぐクレゾール液をかけるんだって。クレゾール液というのは、保健室なんかでもつかっているけど、消毒液なの。

病気でない内臓は、肝臓、心臓、大腸、小腸、胃などにわけられるの。子宮はコブクロ、心臓はハツ、舌はタンなどというでしょう。そういうふうに種類別にされる。

内臓がとり出された豚は、尾っぽを切られ、後足を切られる。お尻の穴をぬかれて、皮をむかれる。

★

まず頸動脈を切断され放血のすんだ豚はつるされ
股間から刃を入れ
腹部をさいて内臓を取る
取り出された内臓は専門の係によって夫々選別され
カンゾウ、ハツ、コブクロ、シロ、ナンコツ、マメ等それぞれ種別分けされ
検閲がすむと仲買人の車に積まれ市場へむかう
つづいて台に載せ、皮をむく
脂肪の多い豚は家畜の中では一番皮むきが難しいといわれる
皮と同時に頭部、足先が切断される

絵③

皮は、昔はナイフで全部むいていたというけれど、わたしがみたときは切断された腹部の両脇、こう、のどからお尻までまっ二つにわられているでしょう。その切られた両側の皮だけがナイフではがされていた。だから、からだの脇や背中のほうはまだはがれていないの。それで、あとは、魚を料理するとき、少し皮をはいで、そこをぐいっと引いてむくでしょ。それとおなじ方法でやる。おなかのあたりだけはがされてピラピラになった豚を、皮むき機のうえにのっける。その皮を、機械のローラーみたいなものなのかな、なにかはさむみたいにして、機械のボタンを押すと、くるっと一回転して、皮は、全部むけてしまっている。

台にのっけられて、皮をはさまれて、一回転して、つぎへ運び出されるまで十六秒。頭はこのあとに切りおとされたのか、このまえだったたか。台のうえにのっけられて、つぎつぎ皮をむかれていく豚をみていたので、わかんなくなったんだけど。皮むきのまえだったようにも思う。あの頭だってまだ動いていたと思うけど……」(絵③参照。)

わたし――「皮をむかれた豚は、つぎに、まっ二つに切られる。豚は、ずっとぶら下がったままなのね、あの股カギに。皮むき機の台からおりても、ぶらさがったまま。ゆれる豚の背中のほうにまわって、電気のこぎりで、たった一人でまっ二つ。背骨のまんなかをまっ二つにしていくの」(絵④参照。)

わたし――「この絵では二人がかりでやっているけど、わたしがみたときは、ひとりでした。これを『背びき』っていうんだけど、背びきが終わった豚は、水洗いされるの。そして、とり残した毛や皮をとるのね。こうなった肉を枝肉っていうんです……」(絵⑤参照。)

わたし――「この枝肉を、東京都の検査官が検査をし、合格したものには検査済のハンコが押され、重さが食肉用の青いインクで書きこまれるの。肉は洗って食べないでしょう、この枝肉にされるまでに大量の水を使って、血や内臓をとってしまうのね。

絵⑤

絵⑥

獣医の検査がすみ判が押されると
扇風機で乾かされ、全てが完了するのである
なにしろ生き物なので、手早く清潔に
処置しなければならないのである
畜産

それが終わると背割りにうつる
それも熟練をようする作業で
特に注意がはらわれる
少しでも曲がれば背骨の両わきについているヒレ肉をだめにしてしまうので
ジャラ
ジャラ
再び、つり下げられた枝(骨つきの肉)は、きれいに洗浄され、最後の仕上げをして

絵④

最初にひざのところにぐいっぐいっと股カギをさしこまれてから、ずっとさかさまにぶらさがったまま、皮むき機の台のうえにねかされるときも、そのままなのね。セリにかけられて車につまれるまで、ずっとおなじ股カギにぶらさがったままなの。

枝肉のそばへいったら、肉はピクピク動いていた。ちょうど心臓が鼓動をうちつづけるように、動きつづけていた。思わず手が出てその肉にさわったら、あたたかかった。さっきまで、ほんとうについさっきまで歩いていたんだもんね……」（絵⑥参照。）

大量に殺され、食べられ、捨てられる

わたし——「牛も豚とおなじようにして殺され、食肉にされてしまうの。牛は撲殺《ぼくさつ》され、豚は電気で殺されて、のどを切られて放血させられる。そのあと、牛だけは脊髄《せきずい》を破壊される。そこだけがちがう。牛は、脊髄を破壊して腰から下もしっかり殺さないと、頭をたたかれて倒れた牛が足をはげしく動かして、作業をしている人のからだをけっとばすことがあるからだって。いきなりハンマーでたたかれて倒された牛が、足でけりあげてくる……。脊髄を破壊された牛は、まったく抵抗することができない。

むかれた皮は、芝浦原皮協同組合というところに売られていって、バンドやバレーボールや太鼓の皮や靴や靴底やバッグやコートなどになっていく。毛は歯ブラシや筆。内臓は、焼肉や煮物になって人間に食べられる。

豚も牛もなにからなにまで全部が人間に利用され、人間のいのちになる。

翌日に殺される牛をわたしが最初にみたのは、梅雨入り宣言のあったちょうどその日の夕方でした。セリが終わって、その日、殺された牛や豚の肉が業者によって買いとられたあとの芝浦の食肉市場は静かでした。まっ黒いカラスがなにを漁《あさ》っているのか、あちこちにいく羽もみられました。そこに一台のトラックが通りかかりました。トラックのなかには牛がたくさんいました。それにつづいて、豚のつまれたトラックもはいってきました。カラスがたくさんいることも、牛や豚のつまれたトラックがはいってくることも、この食肉市場では特別なことでなく、あたりまえのことなんですね。

トラックから一頭一頭つなにつながれた牛が興奮した顔つきでおりてきます。つなをひいているのは、食肉市場で働いている人たちなのですが、彼らは、牛をひいてきては繋留《けいりゅう》場《じょう》の横木につないでいきます。そのつながれた牛が、翌朝、殺され、その午後にはセリに出され、つぎの日には、食卓へのぼることになる牛だったのです」(スライドを見せて、わたしはつぎのように言いました。)

わたし――「つぎの日に殺されていく牛たちです。じっと顔をみていると、牛が泣くんですね。ポロッと涙を流すんです。わたしがそばに寄っていくと、みんな視線をわたしに向けてくるんです、こういうふうに。いっぺんに全部みれませんから、わたしは一頭ずつ見ていったんです。じっと目を見あわせていると、牛は泣くんです。大きな目はたちまちうるんで、赤く充血してきてポロポロ涙を流すんです。わたしもおなじようにポロポロ涙があふれるんです。

〝街では、『牛は殺されるときに涙を流す』といわれているけれども、実際にはそんなことはない。牛には死はわからない〟と屠場の人は説明してくれましたが、わたしにはそうは思えませんでした。ちゃんと牛は知っているんです。

牛の顔は一つ一つ、一頭一頭、全部ちがうんです。毛のぐあい、色のぐあいはもちろんのこと、表情もかたちもみんなちがいます。どの牛もどの牛も全部わたしをこうして、じっとみるんです。もう、みんなこの牛は殺されてしまって、だれかのおなかのなかにはいっているか、排泄されてしまっているかわかりませんが、この牛たちが、この地球上から一回きりの、一つだけのいのちをうばわれたことはたしかです。

東京には二つの屠場があります。芝浦と立川。一日に殺される豚は芝浦が千二百頭以上、立川が六百頭近く。約千八百頭が殺されているのです。牛は芝浦が約二百五十頭、立川が八十頭、あわせて三百三十頭が一頭ずつ頭をたたかれて殺されているのです。

もっと悲しいことには、豚や牛の『生』『いのち』そのものが、もうすでに人間によって操作されています。豚や牛がセックスを自由にすることさえ、もう許されないのですね。豚であり、牛であることは許されない。それはもう人間のためのいのちとしてしかみられていないのです。人間とそっくりなからだのしくみをしている豚や牛。人間は平気でそのいのちを奪いとっている。人間は自分のいのちを保つために必要な以上に、豚や牛を殺しているのです。大量に殺され、大量に食肉になり、そして、大量に捨てられる。必要なとき、必要なだけ食べるというのとは違うのです」

食べることはいのちを奪うこと

わたし――「教師になって二十一年目ですが、毎年、わたしは、子どもたちに給食のこと、食べもののことをうるさくいいます。受け持った最初の子どもたちは、パンもおかずも平気で捨てます。なんの痛みも、なんのためらいもなく。だまっていると食罐《しょくかん》がいっぱいになります。ほかのクラスの残飯をみても、毎日のように大量に残っています。

そこで、『自分がたべられるだけをいただく。たべられるかどうかわからないときは、少しいただいてみて、おいしかったらおかわりをする。おかずがたくさんあるときは、持ち帰れるパンは残して、おかずをいただく』というふうに残させないようにしてきたのです。が、残念ながら、生きている胃袋やからだは、そのときそのとき、欲しいものが献立表どおりではないのです。量もまちまちです。机上の計算では、生身のからだにうまくあわないのです。また、食品添加物の問題もあります。残すことのほうがからだにいいこともあるという問題もかかえています。食べものが政策によって操作され、利益優先のために、子どものからだにとってかならずしもいいものでなくなっていることもあります。

子どもたちが自分のいのちや人のいのちをたいせつにしないことと、食べものをたいせつにしないことには深い関係があるように、わたしには思われます。たいせつにしないというのは捨てるということだけでなく、食べものがつくられ、育てられてきた過程を知らないということも全部ふくめてです。

ある中学校に呼ばれて、『にわとりを殺して食べる』授業の話をしたときのことです。

『鳥山先生は、食べるとき、いちいちそれが生きていたときのことを思うんですか』

ある母親にそう質問されました。たいへんおどろきました。そうだったんですね。ふつうは、みんなそんなことを考えないで食べているんですね。

幼いときから、毎日、朝日と夕日に向かって手を合わせて祈ってきました。小さいときは祖母といっしょに、きょう一日生きられたことや、きょう一日食べられたこと、無事であったことに感謝して。それが労働して生きる人たちの慣習でもあったのです。

六月二十六日にみたNHKテレビで、C・W・ニコルさんがこういっていました。

『イワナを焼きますでしょ。イワナの魂がぼくの背中にのらなくちゃいけない。つまり、君が生きてるのはね、君だけがえらいんじゃないの。君はいろんな生きものの力で生きてるよ、と。人間だからえらいっていうことないんですよ。つまり、人間がピーク、山のてっぺんに立ってる、その下はすべて畜生、なんにも魂がないということのノンセンスですね』

食べものにされてしまったいのちがむだにされ捨てられていくことに、心底、腹が立ちます。しかも、ほんとうは人間のからだにとってさえもよくないほど薬づけにされ、病気の肉にされてしまった悲しいいのち！　豚の九割以上が内臓に異常をもつ。ふつうの食生活をしていても、現代では卵や肉の蛋白質《たんぱくしつ》をとりすぎて成人病がふえているのです……。

生きるということは、生きているものを食べていることです！　食べるということは、生きているものを殺すということです！　殺して自分のいのちにしてしまうことです！

食べるもので生きていないもの、生きていなかったものは一つもありません」

★

わたし――「栃木の養豚場へ再取材に出かけました。こんどは宇野嘉則さんのお父さん・嘉夫さんに会いました。宇野さんはどんな質問にもこころよく答えてくださいました。横浜うまれ、東京育ちの宇野さんが栃木に移ったのは昭和十九年。疎開の苦しみを味わいながら、百姓仕事にはいったそうです。『他人《ひと》とおなじことをやっていたのではだめだ』という宇野さんは、早期栽培、育苗、米づくり、養鶏と、ひとの何倍もの努力と工夫をかさね、せいいっぱい働きました。

昭和三十六年に、残飯を使って豚二頭を飼ったのをかわきりに、養豚業をはじめました。それで、豚をふやしていったのですが、昭和五十二年に豚のくさい臭いでずいぶん騒がれ、五月には、保健所の呼びだしをくったんです。こまった宇野さんは、『あとしばらく待ってくれ、臭いを出さないようにするから』と答えたそうです。五十年にアメリカに行ったとき見てきた、ウインドウレス豚舎をつくろうと思ったのは、そのときだそうです。

五十三年から五十四年にかけて、一億二千万〜一億三千万円を投資して、最初のウインドウレス豚舎をつくりました。糞尿処理に、百四十万〜百五十万円かけ、県の環境課にも、文句を言われなくなりました。ここはもう、食肉生産工場です。効率のいい豚肉をつくるために、丈夫な豚を大量に育てなければなりません。〝安い肉を大量に食べたい、しかし、豚のくさい臭いはいやだ〟という人間の欲望に応えるために、そして、効率よく肉をつくるために、ウインドウレス豚舎はつくられたのです」

＊本文中の絵は、白土三平氏の作品集『鬼泪』（小学館）から使用させていただきました。

★

授業2

ひととブタの生と性

ひととブタの似ているところ

「牛と豚の屠殺」の授業につづいて、こんどは「ひととブタの生と性」の授業である。時と場所はまったく同じ。授業を受けるのも屠殺の授業に参加した人たち。一、二年のとき担任した四年生、四年のとき担任した五年生、「にわとりを殺して食べる授業」を受けた、いまは中学二年生の子どもたち。そのお母さんや兄弟。それから、わたしが昭島市にいるころ受けもった、いまはもう二十五歳になっている中根君（十一月には父親になるという）、青木さん、古谷君。そのほか、わたしの友人、そのまた友人。

わたし――「自分と豚《ぶた》の似ているところは？」

子ども――「えっ、豚となんか似てないよ」

子ども――「うん、似てるとこ、あるよ」

「顔がある」「口がある」「目がある」「鼻がある」「耳がある」「毛がある」「皮膚がある」「歯がある」「ツメがある」「足がある」「目やにが出る」「鼻くそがある」「へそ」「腎臓」「心臓」「肺臓」「肝臓」「胃や腸」「血があって流れている」「筋肉がある」「脳」「脂肪がついている」「あごがある」など、まず、からだのつくりの共通点がつぎつぎと出されていく。

「オス・メスがある」「背骨がある」「お乳がある」「食べる」「うんこをする」「しょんべんをする」「ねる」「甘える」「死ぬ」「子どもを生む」「遊ぶ」「子を育てる」「じゃれる」「教える」「教えられる」「年をとる」「病気をする」「交尾」「息をする」「動く」「発情期がある」「セックスをする」「射精する」「神経がある」「子宮がある」まだまだ出てくる。

わたし――「ね、似てるでしょう。わたしもほんとうに不思議でならないの。

これは、ある脊椎《せきつい》動物の胎児の成長をあらわしたものです。なんの動物かわかるかな（図①）。

ほとんど変わらないのでわかりませんね。もう少し成長した段階をみてもらおうかな（図②）」

子ども――「いちばん左が魚」

子ども――「ぼくもそう。左が魚で、いちばん右が人間かな」

わたし――「そうですね。左が魚。では、いちばん右が人間というのは、なぜ？」

子ども――「頭がほかのより少し大きいから」

わたし――「へえ、すごい。大きいといってもほとんど変わらないと思うんだけど、よくみたね。つぎの段階は、ほら（とつぎの図③を見せる）、そうです。これは人間」

子ども――「左から二番目がカメ、つぎは、トリ」

わたし――「そう！　そのとおり、じゃあ、四番目は？」
子ども――「………」
わたし――「これは、豚なんです。ほとんど人間とそっくりでしょう。これはヒトも豚も……」
子ども――「哺乳類《ほにゅうるい》」
わたし――「そう、豚もヒトも乳をのんで大きくなるんですね」
子ども――「でも、人間は豚みたいにたくさんお乳はないよ」
わたし――「ところがね、お母さんのおなかのなかにいるころは、豚やイヌのように、片側に十個以上、全部で二十個以上あったのですが、生まれてくるまでに、左右で二個にへってしまうの。ほら、ときどき、週刊誌なんかに、二個以上のお乳をもっている人が出てくることあるでしょう（図④）」

図①

図②

図③

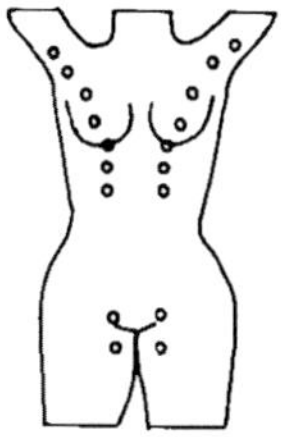
図④

子ども――「うん」

わたし――「豚はいくつくらいあると思う？」

子ども――「十個くらい」

わたし――「左右七対といって、十四個くらいがよいとされているの。ということは、子どもの数は？」

子ども――「十四頭」

わたし――「そう、十四頭まで飲ませることができるのね。ついでにいうと、人間のお乳にも赤ちゃんにおっぱいを飲ませやすいお乳と、そうでないお乳があるのね。豚の場合もそうなの。十四頭もいっせいにすうのだから、お乳の間隔が広く、乳房も大きくないとだめなのね。しかも、左右のあいだも広いほうがいいの。そうしないと飲みにくいだけでなく、よく乳の出るのと出ないのとができちゃうの。あまり出ないのをすった子豚は大きくなれないでしょ。

子豚はね、自分が生まれてから二、三日で自分のすう乳首を決めてしまうのね。だから、どの乳房もよくお乳が出ないと、よく育つ子豚と育たない子豚にわかれてしまうというわけ。

もう一つつけたすと、豚のお乳も人間のお乳もそうなんだけど、いつでもすえば乳が出てくるというわけではないの。すうと、お乳は空っぽになって、また出てくるまで時間がかかるの。人間だったら最初は三時間おきくらい。豚はね、一時間十分から一時間二十分おきくらい。

まず子豚がお母さん豚のおっぱいをまさぐるの。寄ってたかってみんなでね。そうすると、だんだんお母さん豚のお乳がはってきて、ある一瞬にパンパンにはるのね。それをいっせいに子豚がすうの。もうわき見もせず、夢中ですうの。二十秒くらい。二十秒たったら、もうお乳はつぎのときまで出ないの。子豚のおなかがすくころと、お乳がいっぱいになるころとおなじなんだよね。うまくできているでしょう。不思議だよね。わたしだって赤ちゃんをうんだあとは、赤ちゃんのことを思い出すだけで、お乳がはってきたものです。

胎児は、魚も亀もトリも、人間によく似ているでしょう。魚類、爬虫類《はちゅうるい》、鳥類、哺乳類ですが、どれもとっても胎児は似ています。どうしてこれらの生きものは似ているのでしょうね。

これは、いろんな動物をみるたびに、これから何度も何度も考えてみるといいと思います。ところで、今回は、『性』がテーマなので、『性』にしぼって考えてみたいと思います」

精子のしごと、卵子のしごと

山本(5年)――「受精ってなに?」
孝祥(4年生)――「ぼく知ってるよ。精子と卵子がいっしょになること。それで子どもがうまれるんだよ」
山本――「精子って?」
孝祥――「精子って男の人がもっていて、卵子って女の人がもっているの」
山本――「どこにあるの」
孝祥――「…………」
わたし――「孝祥君は男だけど、どこに精子をもっているの?」
孝祥――「うーん、どこかな……」
根岸(中学生)――「子どもは、もっていないんじゃないの。男でも子どもにはないの」
井田(中学生)――「背が急に大きくなるころにできるの」

根岸――「ぼくもそう思う」
わたし――「根岸君や井田君には、もういるの？」
井田・根岸――「いる」
わたし――「どうも、小さい子どものときはいないみたいね。からだが大人にならないと、精子ってできないのね。ところで、孝祥君、男のどこで精子ってできるんだろうね」
孝祥――「……知らない……」
わたし――「そうか、せっかく精子のこと知っていたのに残念。じゃあ、このなかに知っている大人がいっぱいいるから、ぐるっとみんなを見て、この人にきいてみたいなっていう人をさがして、きいてみてごらん」
孝祥はちらっとまわりを見まわし、なんとなく恥ずかしそう。しばらくもじもじしていたが、席をはなれ、ぐるっと見まわしてから、すぐ近くの窓側の机のうえにこしかけていたバンのところへ行く。バンは中学の教師になったが半年でさっさとやめ、演劇研究所にいっている。みんなの目は孝祥とバンに注目した。
孝祥は小さい声でバンにきいているが、まわりの人にはきこえない。バンは、そんな孝祥をそばに寄せ、ないしょ話をするように孝祥の耳に口をつける。孝祥は首をかしげる。もう一度、バンは耳もとでささやく。とたんに、孝祥はからだをよじってわらう。その突然ふき出したわらいにつられて、大人たちがわらう。
わたし――「孝祥、なんて教えてくれたの」（孝祥のわらいはとまらない。）
わたし――「わらっていたのじゃわからないよ。声に出せないんだったら、黒板に書いてくれる？」
孝祥は、おなかをおさえてわらいながら、やっと出てくる。孝祥はチョークをもつ。わらっていて手に力がはいらない。やっと書きはじめる。黒板に書かれた文字は、なんと「タマタマ」。意外なことばに、子どもはもちろん、大人たちもわたしもふき出した。

わたし――「ハッハッハッ、チンチンではなくて、キンタマのほうね。女の子とちがって、なぜ、キンタマが外にぶらさがっているかというとね、精子は熱に弱いのね。体温であったまると死んでしまうのね。そこで、そうならないように外にとび出してぶらさがっているの。

　精子っていうのは、どんな形をしているか知っている？」

高校生――「おたまじゃくし」

わたし――「うん、そう。おたまじゃくしのようなものなのね。こんな形（図⑤）。これをもう少しくわしくみてみよう。わたしも、じつはこの『ニュートン』という雑誌でくわしいことをはじめて知ったの。これが頭で、これがくびで、これがしっぽ。大きさは〇・〇六ミリ。一ミリを百にわけた六つぶん。

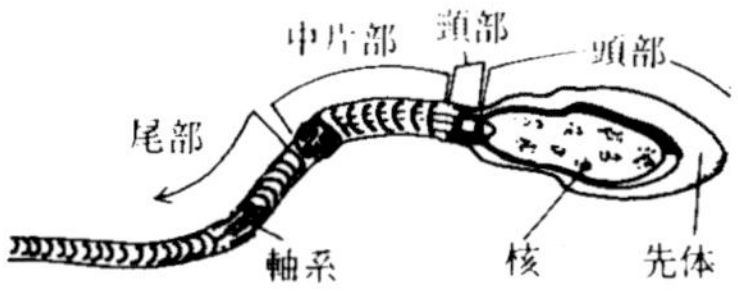

図⑤

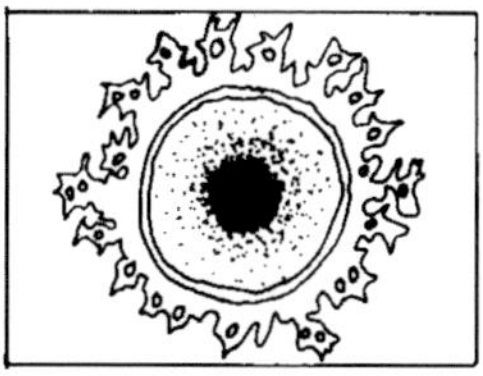
図⑥

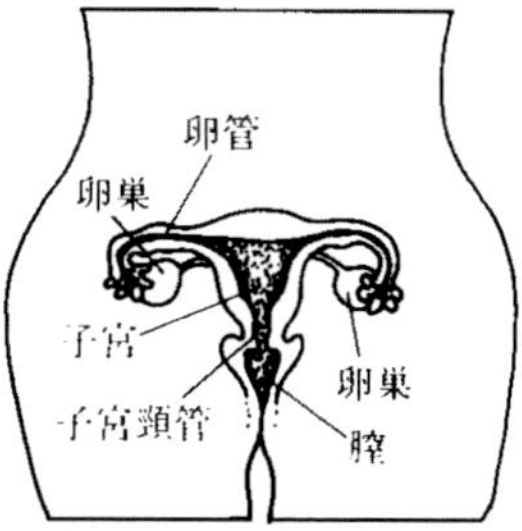

図⑦

豚の精子もおなじ形だよ。この精子が卵子といっしょになって子どもがうまれるっていったけど、卵子ってどこにあるの？」

孝祥——「女の人のからだだよ。ゼリーみたいなの」

わたし——「そう、ゼリーみたいなもの。ほら、これがそうなの（図⑥）。これがゼリーね。大きさは？」

子ども——「このくらい？」

わたし——「にわとりの卵の黄味くらいあると思うのね。ちがうの、実際は〇・一ミリ」

子ども——「えっ、そんなに小さいの」

わたし——「そう、それでも人間のからだをつくっている細胞のなかではいちばん大きいの。ところで、女の人なら、小さい子のからだにもあるの？」

高校生——「小さい子にはないんじゃないかな。生理がはじまらないと」

わたし——「女の人のからだのどこにあるの。久田さん、わかる？」

久田——「わかんない」

わたし——「あなたのからだのどこにあるのかしらね。じゃあ、今度は、ぐるっとみまわして女の人にきいてみて」

久田さんは、すぐ近くの余田さんにきいた。余田さんは、竹内演劇研究所の「からだとことばの会」の上級クラスの人だ。

余田——「あのね、卵巣にあるの」

久田——「卵巣って？」

余田——「えーとね」

わたし——「説明しにくいかな。（わたしのからだをさして）このあたりね。このあたりに右と左に一個ずつ、つまり、ふたつあるのね。図で説明するとね、こうなっているの（一九五ページの図⑦）。

ここは膣《ちつ》。この穴は、おしりの穴ではない、つまり、うんこの出てくるところではないの。おしっこのでてくる穴でもないの。そのあいだにもう一つ穴があるのね。わたしはね、じつはおかしな話だけど、結婚するまで、もう一つ穴があったなんて知らなかったの。だって、女の子ならわかると思うけど、みえないでしょ。

卵子はね、この卵巣のなかにあるんだけども、女の子、つまり、大人になっていない女の子のからだにもあるのかな。どう？」

久田——「ないと思う」

わたし——「これは精子とちがって、はじめからあるのよ。でも、成長しないの。この卵巣は、卵子をつくるというたいせつなはたらきをしているのね。卵子は胎児のときからもうあるんだけれど、大人のからだになるまでの卵子は原始卵胞といってね、まわりに一層の細胞をまとっているんだって。

原始卵胞の数は数十万もあるんだけど、大人のからだになるまでは、ぜんぜん発達しないんだって。思春期といって、からだが大人になりはじめたときに、卵ははじめて成熟していくのね。数十万もあるけど、じゅうぶん育つのは一生のあいだに五百個くらいなんだって。ひと月に二十個くらいの原始卵胞が育っていくんだけど、そのうちの一個だけが完全に成熟して、子宮管へ排卵されるのね。左右の卵巣から交代交代にひと月に一個ずつ出てくる。豚は二十一日サイクルで排卵されます。

このとき、精子と出会わなかった卵子は、膣をとおって外へ排出されるのね。これを月経・生理といって、大人のからだになってきた女の人は、だいたい二十八日とかひと月に一回、膣をとおって卵子が外に出ていくの。そのとき、受精した卵子の栄養になるようにって、たっぷりと子宮にそなえられていた血、血液もいっしょに排出されるの。きのう、五年生の女の子は養護の先生から話をきいたのでわかるでしょ」

穂刈（5年）――「わかんなかった。そういうことだったとは」

精子と卵子が出会うまで

わたし――「じゃあ、どうやって男の人の精子が、女の人のからだのなかの卵子といっしょになるのだろう。精子はここにあるんだよ」（睾丸《こうがん》をさす。）

小学生――「キスする」

わたし――「キスって口と口だよ」

小学生――「だきあう」

中高生の目は、さすようにわたしをみている。

わたし――「うん、いいね。ほら、この図をみて（図⑧）。

抱きあっていただけでは、だめなんだよ。だって、キンタマ、睾丸《こうがん》ていうんだけどね、睾丸でつくられた精子、もう少しくわしくいうと精液にはいっている精子がどこからでるかというと、チンチン、つまりペニスからでるの。女の人のからだをみたり女の人のからだにさわったりするとね、ペニスはかたく、大きくなるの。

（小学生のほうにむかって）君たちのチンチンは、いまは小さいけど、やがて女の人や女の人

図⑧

のからだに興味をもつ年ごろになって、精液が睾丸でつくられるころになると、ペニスが大きくなるの。そして、かたく大きくなる——勃起《ぼっき》というんだけど——ことができるようになる。かたくって大きくなったペニスをね、女の人の膣に入れるの、こういうふうに（図⑨）」

高校生（女）——「いたくないの？」

わたし——「いれるとき、痛くないかって？ うん、それはね、女の人に男の人を受けいれる態勢ができると、膣がぬるぬるにぬれてきて、ペニスがはいりやすくなるのね。石けんをぬれた手につけるとぬるぬる、つるつるするでしょ。そういうふうになるから痛くないの。

　すると、女も男もとってもいい気持ちになるの。気持ちよくなった状態が最高点に達するころ、ペニスから射精といってね、精液が勢いよく発射されるの。このように（図⑨をさす）精液は、ペニスのなかの尿道といって、おしっこが出てくるのとおなじところをとおって勢いよく出てくるの」

子ども——「おしっこといっしょにはでないの？」

わたし——「うまくできているんだよね。そういうときは、ちゃんと弁がとじていて、出なくなっているんだって」

図⑨

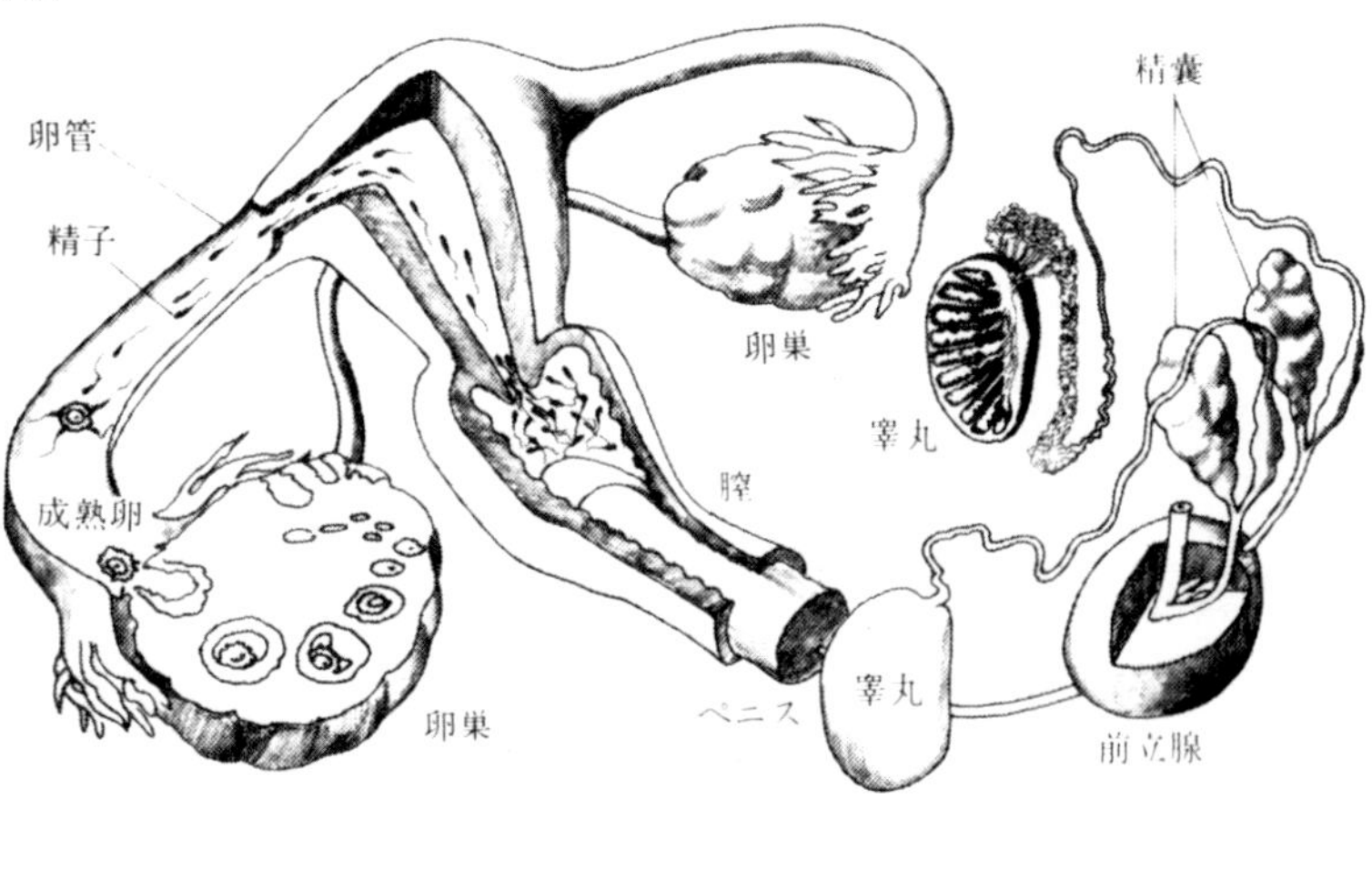

子ども――「先生もそういうふうにしたの？」

わたし――「あたりまえよ。君たちのお父さん・お母さんもみんなそうよ。そうしないと子どもはうまれないの」

子ども――「豚の場合も射精するの？」

わたし――「そう、豚もまったくおなじなの。豚もちゃんと相手をみわけるのよ。豚はね、発情といってね、オス・メスがともにセックスしたくなる、つまり、ペニスを膣のなかに入れたくなる時期というのがあるの。そうすると、人間とそっくりなことがおこるのね。

　発情は、前期・中期・後期と三段階にわけられるの。前期は、外陰部が充血し、しだいにはれてくる時期で、だいたい二、三日つづくの。中期は、写真①の『発情期』のように外陰部が赤く充血してはれが最高になって、おしっこの回数が多くなり落ちつきもなくなるの。この時期に雄といっしょにすると交尾するの。やっぱり期間は二、三日です。後期は、外陰部の赤みやはれがひいて、ふつうの状態にもどっていくの。これは一、二日かかるのね。

　だから、外陰部の状態がつぎの写真②の左のように、赤味とはれが最高に達した状態から、右のように少

写真①

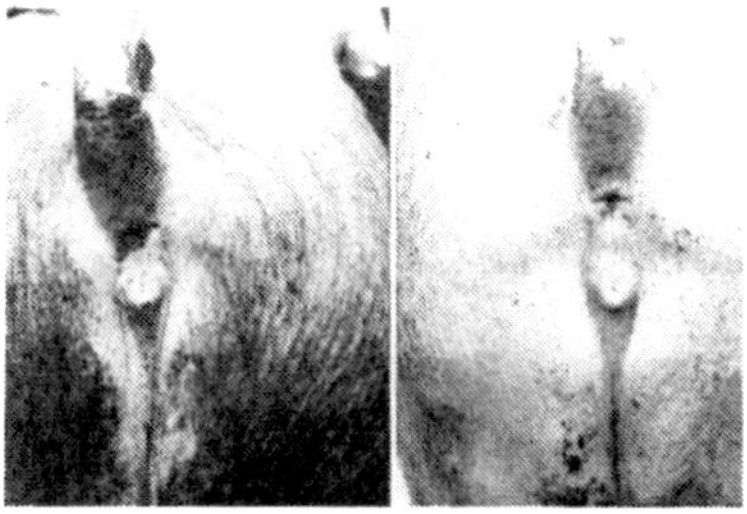

黄体期　　発情期

写真②

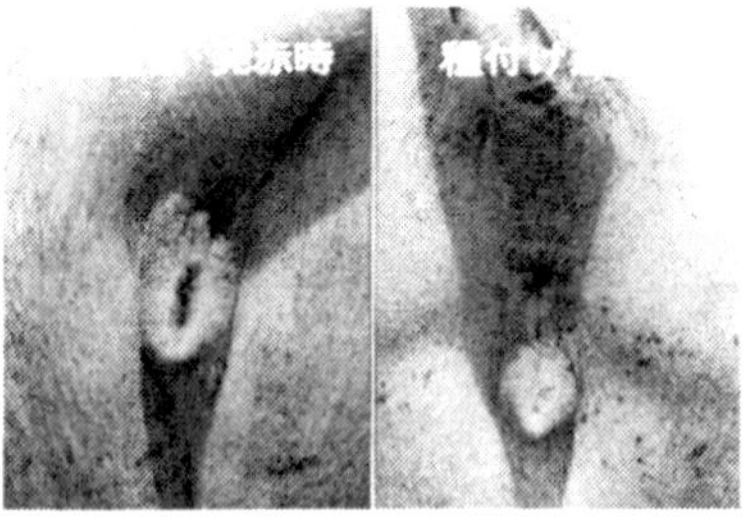

最高腫張・発赤時　　種付け適期

しはれがひき、表面に多少のしわが見られるようになったころが種つけといって、授精するのにいい時期なのね。

このころには、外陰部から出るねばりけのある液はかなり濃くなっています。これは大人の女の人ならわかるのです。ねばりのある液がしょっちゅう膣から出てきますから、ねばり気が濃いかうすいかは、とてもよくわかるのね。

さて、今度はペニスから発射された精液のなかの精子について。精子は卵子とちがって、最初から数が決まっているわけではないの。毎日、毎日、睾丸のなかでつくられているの。睾丸のなかにはね、ぐるぐる巻かれたかたちの管があるのね。その管の長さは、なんと一・六キロメートルもあるそうよ。千六百メートル。ここから中野駅へいくまでの長さかな。その管のなかで毎日、精子がつくられているの。（ここからしばらくは、図⑨を見ながら説明した。）

一回に射精される精子の数は、書いてある本によってちがうんだけど、もっとも、人によっても豚によってもちがうでしょうけど、この本には、ヒトは三億五千万個。一億のタイルづくりをした人は少し想像がつくでしょう。一平方ミリメートルのタイルを一億あつめると、たて・よこ十メートル。ここに一千万のタイルがあるからみてみようか。（たて一メートル・よこ十メートルのはりあわせた方眼用紙を出す。教室の対角線にひろげてやっとおさまる長さ。）これで一千万。三億五千万というのは、これの何倍？」

全員――「三十五倍」

わたし――「そう、これの三十五枚ぶんの数の精子です。その精子は、半透明の液体のなかを泳ぎまわっているの。卵子といっしょになるのはこのなかの一ぴきなのに、なんでこんなにたくさんでてくるのでしょうね。それは、精子のなかでもっとも生命力のあるものが選ばれるためになの。

精子のうちの四分の一は、まず泳ぐことさえできないの。泳げるもののうちでも、約七分の一にはなんらかの異常があるんだって。二つの頭とか、短いしっぽとかね。でも、卵に向かって泳げる精子は、まだ二億三千万は残っているでしょ。精子はとっても小さいのね、〇・〇六ミリ。

こんなに小さい精子にとっては、卵子までの距離、たった二十センチメートルくらいなんだけど、それがとっても長いのよね。

ちょっと、みんな、一ミリのからだになって！　一ミリってこのくらいよ。いい？　つぎに、そのからだの半分の大きさ。なれるかな。そのつぎに、それのまた半分の大きさよ。小さな点でしょ。そのまた半分の、その半分の大きさ。その小さな点くらいの精子になって、二十センチメートルの距離を、卵子をめざして泳ぐのよ。ほら、しっぽをはげしく振ってつき進む。どんどん、どんどん、つき進んで！

卵子までの距離は、たった二十センチメートルくらいなんだけど、精子にとっては、人間の子どもが六・四四キロメートル、ということは六千四百四十メートル行くのと同じこと。ここから中野駅まで行って、帰って、そしてまた、行って、帰ってくる。そのくらいの距離なの。すごいでしょ。

しかも、精子にとってたいへんなのは、距離だけじゃないの。膣のなかは、少し酸が出ているので、精子にとってはたいへんな旅なの。生命力のないものは酸にやられて死んでしまうのよ。

それから、精液は、子宮の筋肉の壁を刺激して小さな波をおこす物質を含んでいるんだって。この波が五千前後の精子を二つの卵管の入り口まではこぶのね。

ところが、卵子は二つの卵巣のうちの片方ずつからしか出てこないから、――つまり、まえに右側の卵巣から一個、卵子が出たのなら、今度は左側の卵巣から一個出てくるのです。だから、二つの卵管の入り口まで運ばれても、卵子が待ちかまえていない卵管のほうにはいった精子は死んでしまうわけね。つまり、半分はまた死んでしまうの。
もっとも、卵子のほうもいつでもでてくるわけじゃなくて、排卵といって、卵が出てくるときが、その女の人ごとに決まっているのね。さっきの豚の場合とおなじように、ちょうど発情中期でないと、精子が泳いでいっても卵子は卵管にはいないから、受精しないわけ。卵子は、卵巣から出て二十四時間以内に精子と出会わないと死んでしまうのよ。

成熟した卵が卵巣を出て卵管にはいると、卵管がゆるやかな収縮、つまり、のびたりちぢんだりする。そして、管の内側にある毛がゆっくり波うつように動いて卵を子宮のほうに押していくのね。その卵管の途中で精子と卵が出会うの。

この精子の頭には卵の膜を分解する酵素があるんだけど、たくさんの精子のなかのたった一つが卵子の膜をつき破るのね。つき破った瞬間、膜はたちまち硬くなって、ほかの精子はとおさなくなるの（図⑩）。

こうして、受精、つまり、精子を受けいれて赤ん坊をつくる最初の出会いが行なわれるの」

図⑩

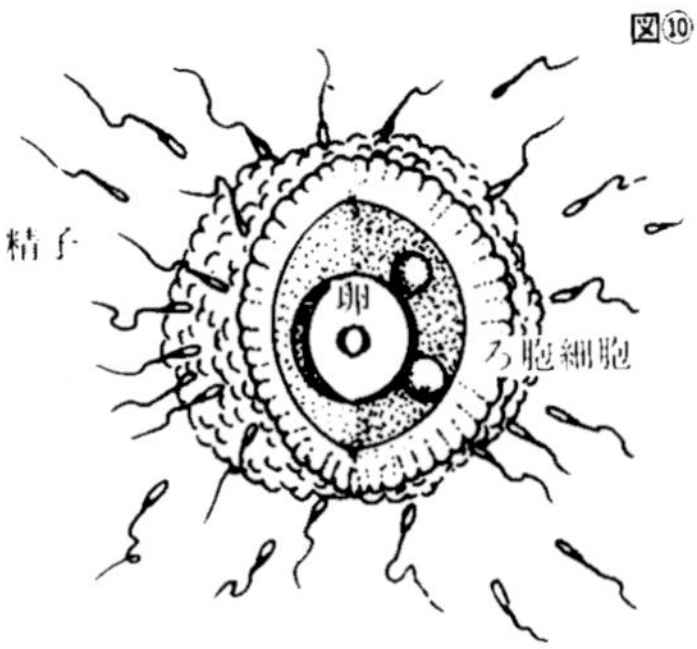

一つの細胞が二千億個の細胞になるまで

わたし――「精子も卵子も、それぞれ一個ずつの細胞、それがあわさるとどうなるでしょう。つまり、一十一は？」

図⑪

図⑫

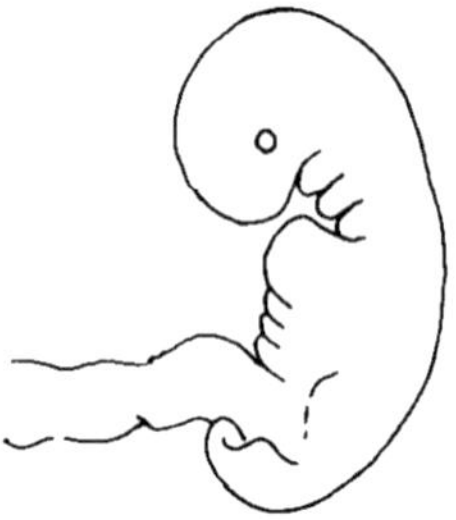

第4週の胎児

図⑬

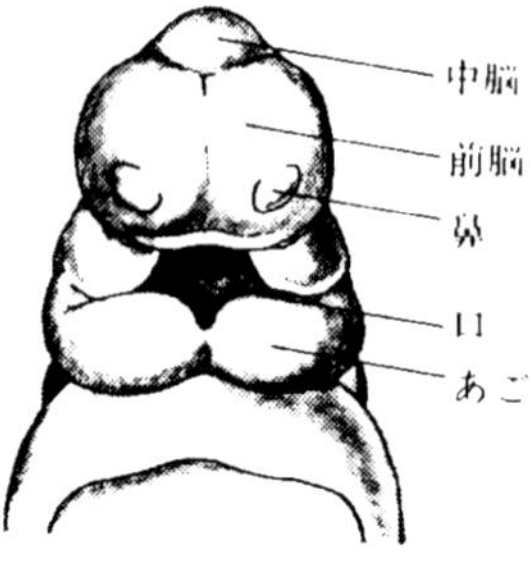

子ども——「一になる」

わたし——「そうなんですね。一個ずつの細胞二つで一になる。こうして受精した卵は三日間かかって、卵管を子宮のほうへむかっておりていく。そのあいだ、卵子は分裂をつづけてふえていくの。

みんなのからだは、たくさんのいろんな細胞からできているのね。その細胞の数は六十兆なんていわれているの。一兆って、あの一億が一万個でしょ。とっても想像できない数だよね。でも、どんな生きものも、最初は一＋一＝一の一から出発するの。ヒトの場合も、目にみえないほどの〇・一ミリの大きさの卵からね。

三十時間たつと、卵子は二つの細胞になり、七日後には百五十個。赤ちゃんとして生まれてくるときの細胞の数は、二千億個以上にもなるそうですから、ずっと成長と分裂をくり返していくわけね。そうして、このように成長していくの（図⑪）。

これは（図⑫）、受精後四、五週のころの胎児。どのくらいの大きさだと思う？」

子ども――「二十センチくらい」

わたし――「受精して二十八日から三十五日目でしょ。五ミリメートル」

子ども――「えっ」

わたし――「おどろくでしょ。もうこのころには心臓と肝臓がもりあがってくるの、こんな小さいのに。しかも、頭としっぽの区別がやっとつくていどなのに。横からみると、魚の胎児とそっくりなころね。これをまえからみるとね、ほら、こうなってるの（図⑬）」

子ども――「ええっ」

子ども――「先生、目は？」

わたし――「まだ、目はないの。これが口、これが鼻、これがあご」

子ども――「耳は？」

図⑭

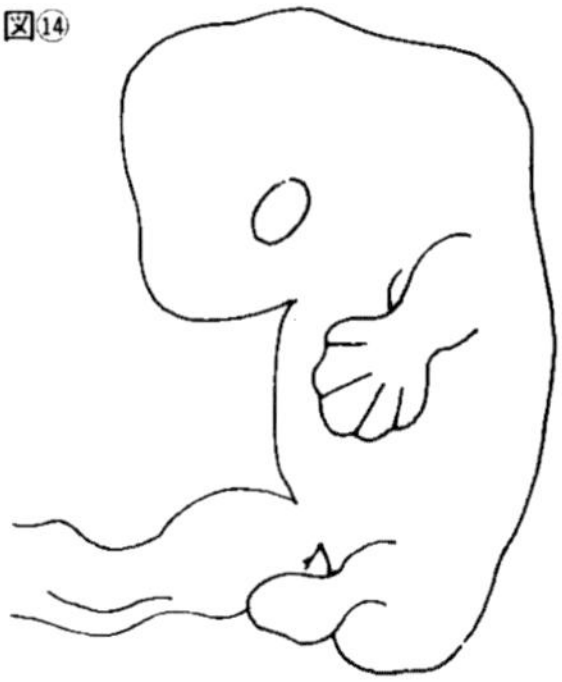

第６週の胎児

図⑮

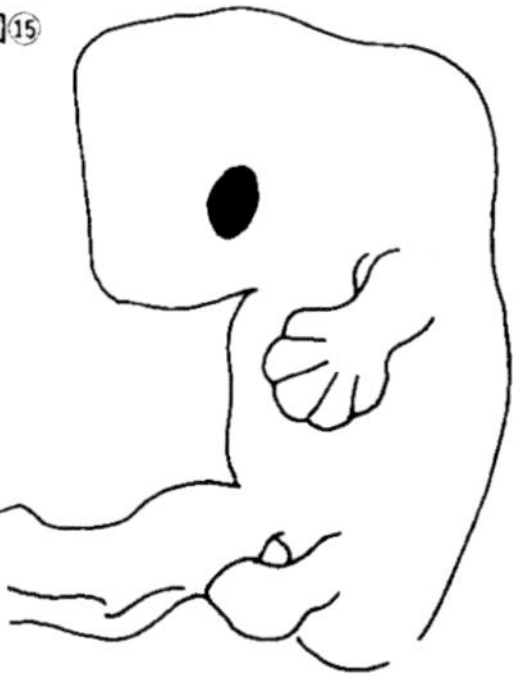

第７週の胎児

図⑯

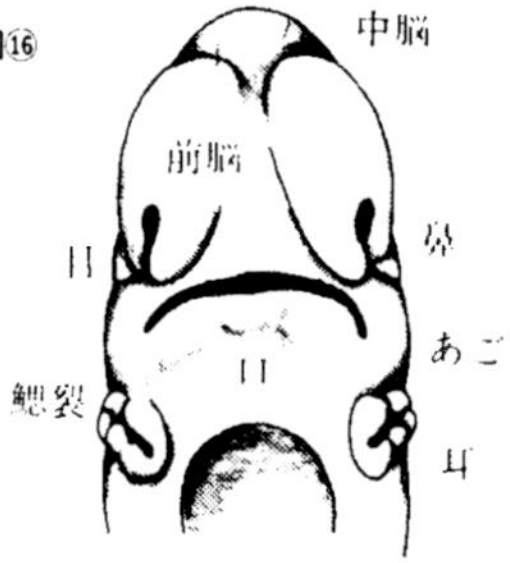

わたし――「まだないの。つぎは六週目です（図⑭）。頭からしっぽまでの長さは十二ミリ」

子ども――「このくらいか」（指で示している。）

わたし――「ほら、目ができてきたでしょ。黒いところ。でも、まだまぶたはないの。手のさきには指ができてくるための四本の線がみられるって書いてあるけど、どこが四本の線だかわかる？」

わたし――「これは（図⑮）、受精してから七週、つまり四十九日目の胎児です。目がとってもはっきりしてきたでしょう。これでどのくらいの大きさかというと、十七ミリ。四十二日目の胎児をまえからみるとこう（図⑯）。これが鼻の穴。四、五週目には穴があいてなかったでしょ。口の穴も横に広がり、目がここにできてきたでしょ」

子ども――「先生、ほんとうにそれが人間なの！」

子ども――「先生、目が横についてるの」

わたし――「そう、人間。魚や鳥とおなじでしょ」

子ども――「指もできてきたの？」

わたし――「これ、手のようにみえるでしょ。じつは耳なの。そして、これは鰓裂《さいれつ》。つまり、魚とそっくりのエラなんです。いま、あなたたちの頭に血液を運んでいる動脈も、心臓から出ている大動脈も、かつてはこの鰓裂に役立っていた血管が発達したものなんだって。

これは受精後、四十八日（図⑰）。目がまえにきたでしょ。鼻もできてきた。耳は、まだこんなところにありますね。このころに舌が発達し、歯の芽が見えてくるんだって。そして、指には指紋があらわれてくるのだそうです。

これは、八週（図⑱）。からだの長さは二十三ミリ。重さはどのぐらいだと思う？　にわとりの卵一個が五十グラムよ」
子ども――「二十グラムぐらいかな。半分ぐらいだから」
わたし――「残念。一グラムよ。一グラムっていうのは、一円玉一個ぶんの重さ」
子ども――「ええっ、そんなに軽いの」
わたし――「そう、一円玉。これよ、もってごらん。ねっ。このころには、手や足の指が明らかになってきたでしょ。このころの手足を図でみると、こうなっているの（図⑲）。

二十四日目には手足はないのに、その二日あとにはこういうふうに（図⑲の㋐）手の芽が出て、その二日あとには足の芽（図⑲の㋑）が出てくるの。そのまた四日あとには、その芽は手と足とになって、指ができはじめるの。八週目には、腕は三ミリ、手には五本の指ができ、足には、ひざとくるぶしができ、五本の指もできるの。手のひらと足のうらには指紋ができるの。これは一生変わらないのね。骨はまだやわらかい軟骨です。

図⑰

図⑱
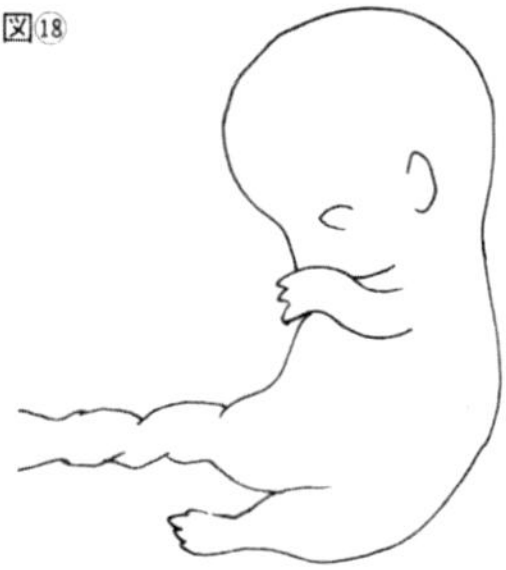
第8週の胎児

図⑲
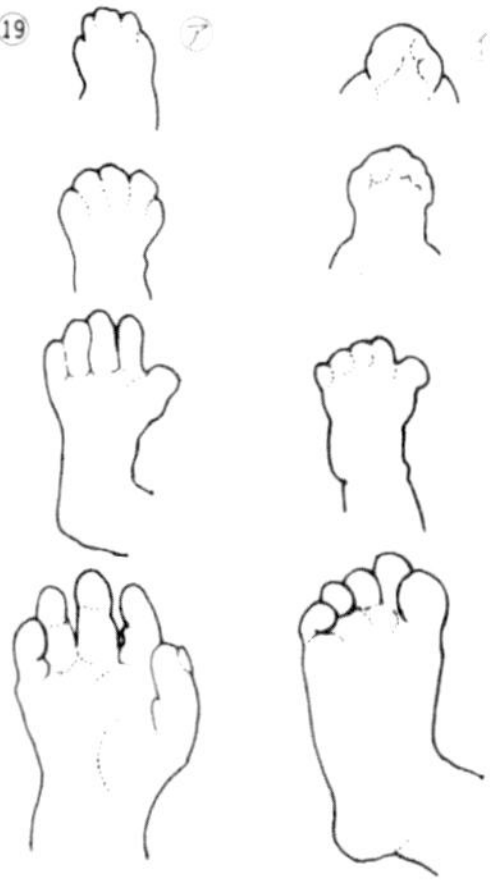

図⑳

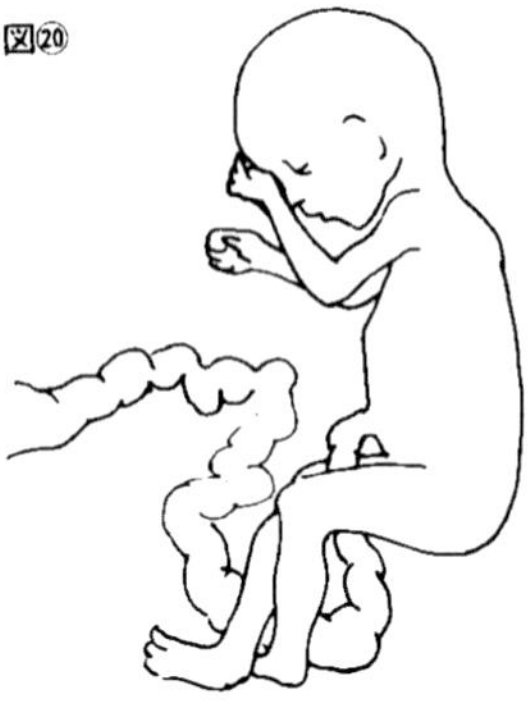

第16週の胎児

図㉑

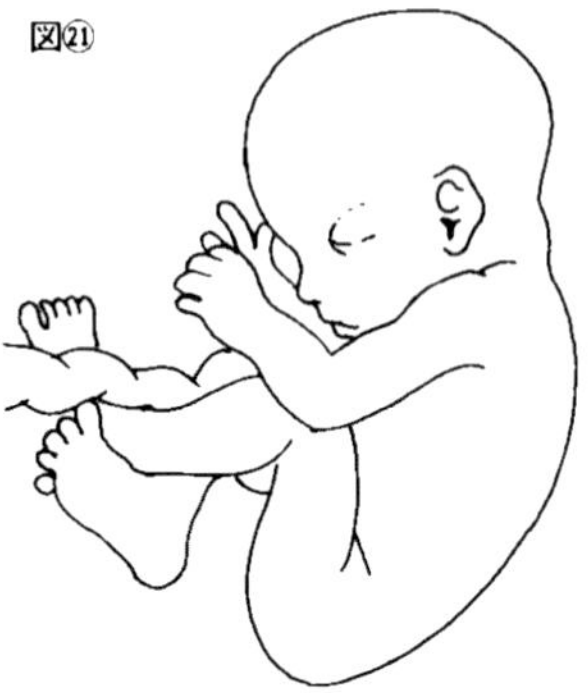

第20週の胎児

これは十六週の胎児（図⑳）。これより少しまえの十四週には、皮膚は赤みを増して、顔には産毛《うぶげ》がはえてくる。あんなにひろがっていた口はせばまって、両目は近づいて、耳は目と同じ高さになってくる。十八週目になると、頭の長さがからだの約三分の一になって、髪の毛もはえてくる。つめもできてくるの。お母さんには、赤ちゃんがときどき動くのがわかるようになるの。

これは二十週目（図㉑）。大きさはどのくらいかな？」

子ども――「さっき、からだの長さは二センチ三ミリだったでしょ」

わたし――「そう、八週ではね」

子ども――「二十週はそれの三倍くらいだから、七センチくらい」

わたし――「と考えるでしょ。ところが、百六十ミリ。つまり十六センチメートル」

子ども――「急に大きくなるの」

わたし――「そう、どんどん大きくなるの。もし、胎児がね、最初の四週間とおなじはやさで大きくなると、生まれてくるときには地球よりもずっと大きくなるんだって。実際は、最初に受精した卵の六十億倍の大きさ」

子ども——「すごいねえ」

わたし——「すごい成長でしょ。お母さんのおなかのなかに何日くらいいると思う。これで二十週、百四十日だから……」

子ども——「二百日」

わたし——「二百八十日。だいたい身長五十センチ、体重三・五キログラム、三千五百グラムになるんです。

さあ、でてくるときがたいへん。お母さんのおなかというか、腰が、ある間隔をおいて痛くなるの。陣痛っていうのね。これがあんまりない人もいるけど、いよいよ赤ちゃんが出てくるという二、三時間まえは痛いんだ。

痛いから、ぐっと歯をくいしばるでしょ。わたしなんかは、ハンカチを口につっこんでぐっとくいしばったの。波のように痛みが押しよせてきて、ぐっとくいしばって痛みがとおりすぎるのを待つのだけど、いよいよ生まれる寸前になると、もう痛みっぱなし。自分でも、なんとなく赤ちゃんが出てくるのがわかるような気がするのね。苦しかったけど、ばんざいって叫んだのよ。うれしかったな。みんなも、こうやってひとりひとり、お母さんのおなかのなかから出てきたのよ」

膣から頭がのぞいたところ、頭全部が出たところ、からだ半分が出てきた瞬間の三枚の写真を見せる。

育てられ、殺される豚

わたし――「豚の話にもどろう。豚の赤ちゃんは、お母さんのおなかのなかに百十四日間いるの。人間とおなじように育って大きくなるの。ほら、これをみて（写真③）。

二十日で八ミリ。目や鼻や内臓のもとがつくられるんだって。三十日（二センチ）になると豚らしくなってくる。四十日目には三センチ、あし、頭などの形がはっきりしてきます。五十日で八センチ、六十日で十センチ。これが出産直前の百十日には、二十五センチメートルに発育するんだって。人間とちがって一回のお産で十頭以上もうむでしょ。子宮のなかでどうなっているかというと、ほら」（と写真④を見せる。）

子ども――「ひゃあ。全部で十一頭」

わたし――「そして、これが分娩（写真⑤）。お母さん豚の膣から外へ出てきたところ。人間とまったくおなじでしょ。

こうしてお母さんの膣から出てきた赤ちゃんは、たいせつに育てられるの。この写真は、お母さんのおっぱいをのんでいる赤ちゃん。

豚は、寒さにも暑さにも弱いので、寒いときはあったかく保温されているの。でも、うまれたての赤ちゃんは、真夏でもヒーターのはいった

写真③

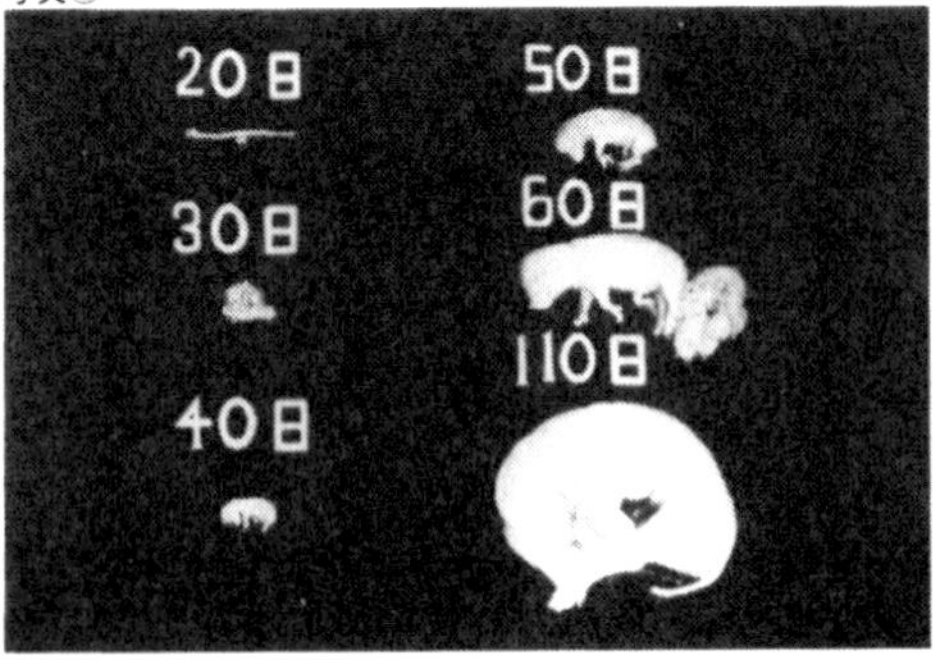

コンクリートの床のうえにねそべっていたよ（写真⑥）。

暑いときは、天井にこういうパイプがとおっていて、母豚の頭に強い風が当たるようになっているの。

生まれたばかりの子豚には、なるべくお母さん豚のお乳、お産をしたあとのお乳を飲ませることがとてもたいせつなの。生まれてすぐ、お母さんのお乳をのんだ豚は、病気になりにくいの。ガンマ・グロブリン（母体がもっている病原菌に対する抗体）をたくさん含んでいるのね。それで病気になりにくくなるの。これは人間もま

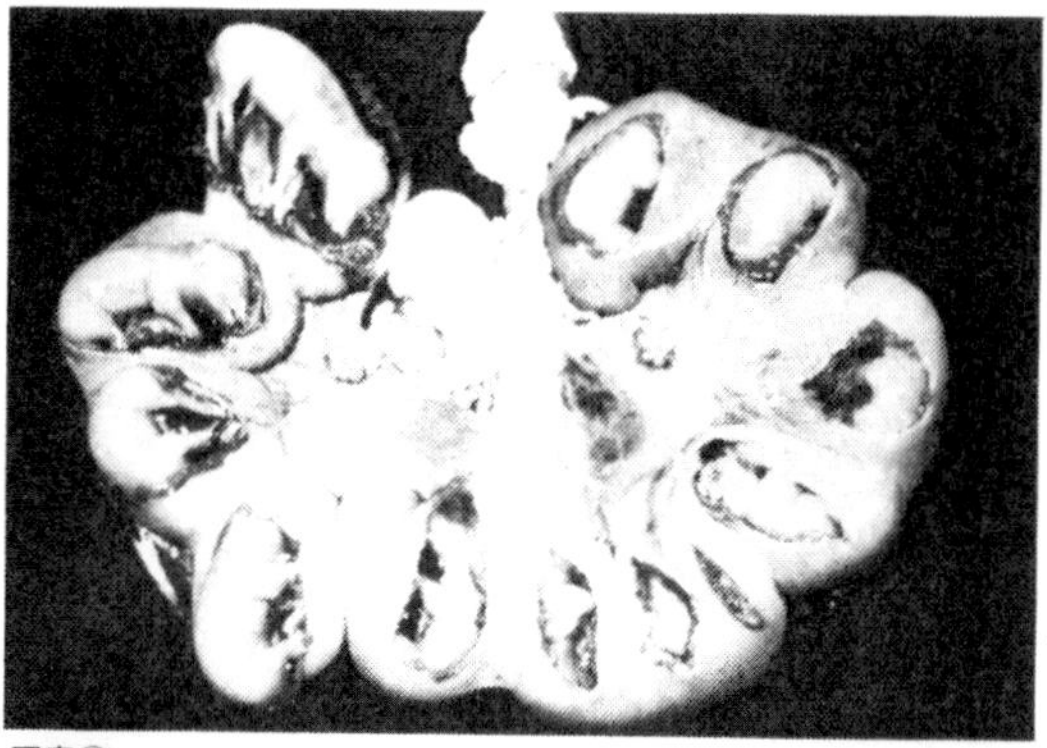

写真④

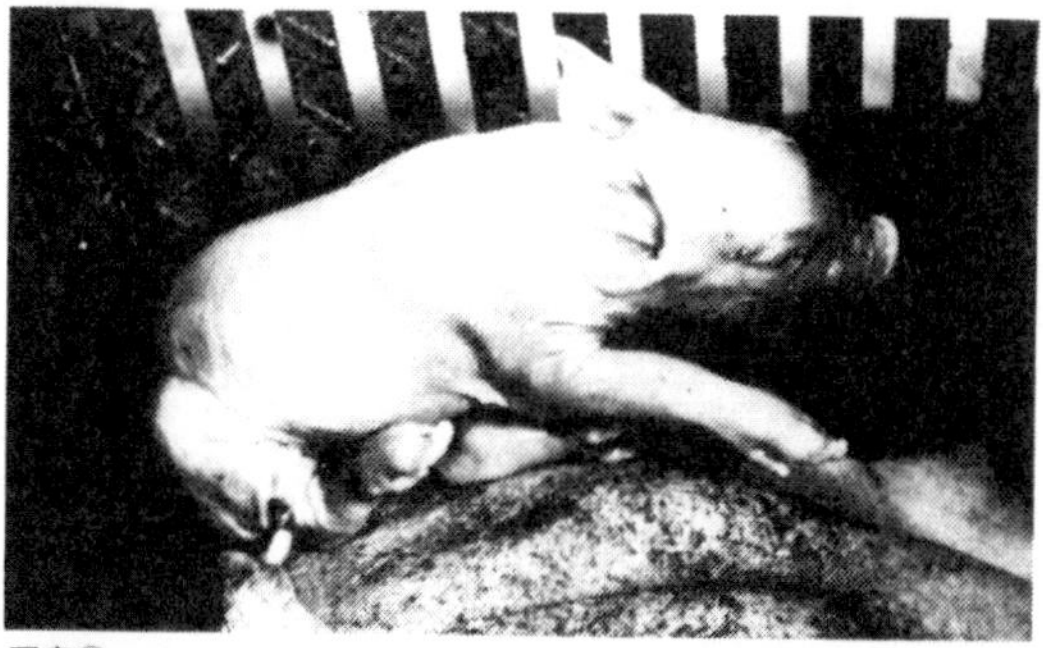

写真⑤

写真⑥

ったくおなじなの。お乳の出にくいお母さんなんか、もう一生懸命、お乳をしぼるのよ。お乳が石のようにかたくなって、痛くてしぼるのがつらいお母さんもたくさんいるよ。

豚は、五か月くらいで体重が百五〜百十キログラムになるのです。みんなの三倍から四倍近くの体重になると……、どうなると思う？」

子ども――「エサをたくさん食べる」

わたし――「そう、たくさんたべます。あまり体重はふえないけれど、エサはたくさんたべる。つまり、エサ代がたくさんかかるようになるのです。そこで人間は、豚を殺します。まだ少年期である豚を殺して食べるのです。豚は大人にさせてもらえないのです。君たちとおなじくらいの年までしか生かしてもらえないのです」

★

「豚より人間がすぐれている。人間は動物や植物よりすぐれている」という〝常識〟がある。はたして、そうだろうか。動物や植物のことを知れば知るほど、その神秘な生命のしくみに驚くことばかりだ。そればかりではない。彼らが、ほかの生物といかにみごとにバランスをとって共生しているか、そのすばらしさに思わず合掌してしまう。どんな小さな生物も、どんな生きものも、たくさんの植物や動物のいのちによって支えられ、そして、支えあっている。それはまた、さらに大自然の偉大な力に支えられている。

動物や植物は、自分に必要なだけしか殺して食べない。その掟を守ることによってバランスを保っている。ところが、人間はどうだろう。大量生産・大量消費の社会は、けっして破ってはならない生物としてのこの掟の存在を抹殺して、はじめて成りたっているのだ。わたしたちは大量に生産し、大量に消費し、どんどん捨てる社会にどっぷりひたっている。そんなわたしたち人間が、いのちをいとおしみ、自然のめぐみのあり

★

がたさに手を合わせなくなったのは、ごく当然なのかもしれない。しかし、その掟を破ったもののたどる道は自滅しかないだろう。

もう一度、わたしたちは、人間を動物の生の次元にまで高めてみてみる必要はありはしないだろうか。わたしたち人間がいかに動物と似ている、いや、動物そのものであることか。それを見すえるところに立つことをたいせつにしたい。

［編集部・注］実際の授業では、『人間はどこから来たのか？』(グラフィック社)、『ママのおなかの中で』(三笠書房)、『Newton』一九八一年十二月号、一九八二年九月号、十一月号(教育社)の図版と写真を使いました。本文の写真は「カラースライド・畜産シリーズIII、IV」(農山漁村文化協会)から使用させていただきました。

「生と性と死」の授業を受けて

◉授業「生と性と死」をききながら：高田豪(三十二歳)

自分がどんどん小さいころに戻っていく。小学生のころ、幼稚園のころ、そのころの思い出が浮かび、消える。赤ちゃんだった自分がどう世界を見ていたか、スルッと光のように記憶が走る。もっと小さくなって、頭から母親の胎内へとはいっていく。子宮のなかでポッカリと浮かぶ。暗いかと思ったらそうでもない。ボンヤリと明るい。体をまるめて浮かんでいる。もっと小さくなっていく。魚だったころ、そして、一・七センチのプランクトン、そして、まん丸い卵、卵子。

このオレに、そんな小さい時があったなんて、おっかしい、笑えてくる。人間という種族がそうだって知ってはいたが、ほかならぬこのオレにそんな時があったなんて。

オレがオレであるのをどこまでも追っかけていくと、卵に精子がくっついた瞬間にオレになるってことがとてもおかしい。それがオレの起源だってことがひどくおかしい。おかしいとしか言えないけれど、おかしい。

授業はつづけざまに豚の話になっている。豚をどうやって殺しているか。一枚の絵が配られる。豚の眉間に先のとんがった鉄のハンマーのようなものが突き刺さっている。凄い形相の豚のとなりに男がいる。それをふり下ろしたところだが、豚とギリギリの格闘をした顔だった。

人間が、いま、どんなにええかっこうをしていても、食うために、ああいうもので生きているものを殺さなきゃならない、殺しているんだってことに、どこかホッとした。

◉「生と性と死」の授業：庵孝洋（小学四年）

みせてもらった子宮の中の赤ちゃんを見たら、ぶたに見えた。鼻より下にずっと下に耳があって、まるで化物に見えた。でも、みんな人間は、どんな、いま、売れてるかっこいいタレントでも、あんなかおをもとにもっているから、どんな人もみな同じだと思った。だけど、どうして子宮のことをおぼえてないのかふしぎだなと思う。お母さんは、おなかの中でぼくがあばれていたといってたけど、記おくがないのは、どうしてかな？

この授業を受けたら、とても、牛やぶたがかわいそうに思った。ぼくは、きらいなゴキブリやダニみたいに、いやな虫はころしたりするけれど、ニワトリみたいにわるいこともしない生き物はころしたくない。だから、この前の、ニワトリをころしてたべた時、ころすのも、毛をむしるのも、少ししかやれなかった。だけど、ころさなければ、ぼくの大好きなトリや、ぶたや、牛の肉は食べられない。人間は、草や動物を食べなくちゃ、生きていけないから、しかたがないんじゃないかなと思う。

●「生と性と死」の授業を受けて：庵律子（中学二年）

いままで「性」と聞けば、いやらしい、「生」と聞けば、なにも感じることはない。また、「死」と聞けば、こわい、いやだ、恐ろしい、とそれぞれおかしな感じかたをしていたように思います。だけども、今日の授業で、「これが人間自身、いえ、生きているすべてのものが経験することなのだ」とわかった。

たとえば、「性」について考えてみると、大人も子供（性の意味でもなんとなく知っている人）も、だいぶぶんの人がいやらしいことと思っていたことだと思う。母もその一人である。私が中一になったばかりのころ、「性」について質問した。しかし、はっきりしたことはかえってこなかった。「いまの律子は知らなくていいのよ。もっと大きくなったらね」ということしかかえってこなかった。「ならば友達に……」と友達と話し合っていた。

やっぱり、大人たちからして、間違った考えをもっている。だから、今日、大人も、私たちも生まれかわったのだ。〝性〟のことにしても、〝生きる〟〝死ぬ〟ということにしても、みんなとはちがう考えかたをみつけたと思う。だから、こんどは私たちが、その考えをそのまま広げていかなければならないのだ。いやらしくないんだ、こわくはないのよ、すばらしいことなんだよ、と……。

この日、参加することになっていた中学二年の山縣慈子ちゃんは（「にわとりを殺して食べる」授業をした学級の一人）、そうじの時間、中学校の教師に、ふとしたことから誤解をうけ、なぐられ、けがをさせられ、来れなくなってしまった。山縣さんは、この授業を楽しみにしていただけに、この事件は残念だったし、中学の教師に対して強い憤りをおぼえた。後日、わたしはしかたなく、『ひと』誌に書いた記録を彼女に読んでもらった。それを読んで、彼女は手紙をよこしてくれた。

●山縣慈子

私、豚のこと、はじめてしった。どんな殺され方してるかなんて考えたことなかった。殺されるために生まれるぶた。かわいそうに……。何も知らないんだネ。日光の光を浴びることは死に直接むすびつくなんて……。

何かユダヤ人のこと思いだした。国語でならったの。日光あびることなく、暗い電車にゆられて……。日の光見たとき、火そうばのえんとつが目前にみえる……って。何だか、それ思いだした。何か似てると……、思いませんか？

私がこんな文かいてる間にも、家ちく、どんどん殺されてるんですよね……。

豚は生きる望み失ってるんですよね……。SEXする自由さえなく。

他の人は知らないんですか⁉ こんな豚たちのこと。なぜ世の中は、これらのことを教えてくれないのですか⁉ そういうことこそ人々は聞く義務があるんじゃない!! ちがいますか⁉ 先生、教えてください。

あと、SEXのこと……。

小学生に教えたってこと、正解だったと思う。素直だし、無邪気だし、まだ知らないでしょ。私ぐらいの年れいになると、その……ヘンにいやらしさでてきて、素直に聞けないでしょ。

うー、私もその授業受けたかった。でも、私もともといやらしさ感じてないの。別に悪いことじゃないでしょ。子供がそのことによってできるなんて感動することよ!

私は、友だちと話してるとき知ったけど……。みんなが〝ウッソー!〟っていってる間に思ったもん。私、女で良かったなって。自分で生命たん生させることできるなんて、感動だった。〝女に生まれたくない〟って考え、みじんもわかんない。

でも、ぬるぬるになるなんて知らなかった。人の体って、うまくできてるんだネ。結婚したら、みんなSEXするの? じゃ、私もいつか誰かとSEXするんだね。(このセリフ、友だちが言ってた。)SEXはこんな素晴らしいことなのに、なぜ大人はかくそうとするのでしょうか?

授業3

ブタ一頭、まるごと食べる

「人間とは何か」を考える

だれだって、こんな文章にふれれば、実際に肉のくんせいを作ってみたくなるだろう。まず、読んでみてほしい。『大きな森の小さな家』(福音館書店)の一節である。

> 家のまえの庭には、形のいいカシの大木が二本あります。毎朝、ローラは、目がさめるとすぐ、走っていって、窓から外を見るのですが、ある朝、この二本の大木の枝に、一ぴきずつ、死んだシカがぶらさげてあるのが見えました。
>
> とうさんが、そのまえの日、そのシカを鉄砲でうって、ローラが寝てしまったあと、もってかえってきました。そしてオオカミにその肉を食べられないように、木に高くぶらさげておいたのです。
>
> その日、とうさんもかあさんもローラもメアリイも、昼ごはんに、とりたてのシカの肉のごちそうを食べました。あまりおいしくて、ローラは、そのシカ肉を、ぜんぶ食べてし

まいたいくらいでした。でも、肉のほとんどは、塩をして、けむりでいぶしてくんせいにして、冬に食べるように、とっておかなければならなかったのです。

なぜなら、冬がもうそこまできていたのですから。日はみじかくなり、夜になると、窓のガラスに、霜がはいのぼってきていました。やがて、雪もふるでしょう。そうなったら、この丸太の家は、吹きだまりの雪にうまってしまうことにもなりかねませんし、湖も小川も凍りついてしまうでしょう。身を切るような寒さがつづけば、鉄砲うちにでかけても、とうさんは、獲物をみつけられるかどうかわからないでしょうし、肉が手にはいらなくなるかもしれないのです。(中略)

だから、冬がくるまえに、この小さな家には、できるだけたくさんの食料をたくわえておかなければなりません。

とうさんは、ていねいにシカの皮をはぎ、その皮に塩をして、よくひろげました。やわらかいなめし皮をつくるためです。つぎに、肉を切りわけ、板の上にならべて塩をふりました。

庭に、なかが洞《うろ》になっている大木から切りとった、長い丸太が立ててありました。とうさんは、まえに、その両ほうのはしから、手をいれてとどく所へ、釘を何本も打っておいたのです。それから、丸太を立てて、上のほうには小さな屋根をつけ、下からすぐのあたりには、小さな戸を切りぬいたのです。その戸に皮のちょうつがいをつけ、きりとった穴にきちんとはめこみ、小さな戸ができたのでした。おもてには木の皮がついたままの。

シカの肉に塩をして、五、六日そのままにしておいてから、とうさんは、それぞれ肉のかたまりのはしのあたりに穴をあけ、ひもをとおしました。ローラは、とうさんがやってくることを、じっと見ていました。それから、とうさんが、がらんどうの丸太のなかに打ちつけた釘に、その肉をつるすまで、そばにつきっきりでした。

とうさんは、小さな戸口から手をいれて、腕をいっぱいにのばして、釘に肉をつるします。それから、丸太に梯子《はしご》をかけ、てっぺんまでのぼって、屋根を片がわにどけると、丸太のなかにぐっと腕をのばして、打っておいた釘に肉をぶらさげました。

つぎに、とうさんは、屋根をまたきちんとかけると、梯子をおりてきて、ローラにいいました。

「薪《まき》わり台のとこへ走ってって、ヒッコリイの生木の木っぱをすこし拾ってきておくれ――あたらしい、きれいな、まっしろのやつを」

ローラは、とうさんがいつも木をわる台の所へかけていって、あたらしい、いいにおいのする木っぱを、エプロン一ぱい拾いました。

とうさんは、なかが洞になった丸太の小さな戸のなかに、こまかい木の皮と苔《こけ》で、火をもしつけ、ヒッコリイの木っぱをそうっとのせました。

生木の木っぱは、パーッと燃えあがらないで、ブスブスくすぶりだし、木の洞のなかで、息のつまりそうなけむりをモクモクだしはじめました。とうさんが、戸をしめると、けむりは、戸のまわりのすきまからすこしずつもれ、屋根からも、小さなけむりがでてきましたが、ほとんどのけむりは、つるしてある肉といっしょに、なかにこもっていました。

「上等なヒッコリイのけむりは、なんたっていちばんいいんだ」とうさんはいいます。

「こうやってつくった上等のシカ肉は、どこでも、いつでも、よくもつんだよ」

とうさんは、こんどは、鉄砲をもち、肩に斧《おの》をひっかけると、もっと木をきりに、森をきりひらいた開墾地《かいこんち》にでかけていってしまいました。

ローラとかあさんは、それから五、六日は、いつも、肉をいぶす火を気をつけて見ていました。小さな戸のすき間から、けむりがでてこなくなると、ローラはヒッコリイの木っぱをまたもってきて、かあさんが肉の下に燃している火の上にくべました。前庭には、いつでも、そのけむりのにおいがかすかにただよっていて、小さな戸をあけると、つよい、いぶった肉のにおいが、ぷーんとしました。

やっと、とうさんが、シカ肉は、もうたっぷりいぶせたようだといいました。そこで、のこった火は燃えつきるままにしておき、とうさんは、洞の丸太のなかから、ほそ長いのやら、大きいのやら、肉のきれをぜんぶとりだしたのです。かあさんは、それをひとつずつ紙でていねいにくるんで、よくかわいていて、あんぜんな屋根裏に、つるしました。

「いぶす」ということばをきっかけにして

豚一頭をぜんぶ食べて、「自分が生きている」ということ、「人間とはなにか」ということを考えてみたいと、わたしはもうずいぶんまえから考えていた。わたし自身のことからいえば、この試みは「にわとりを殺して食べる」「ブタの飼育と屠殺」「ヒトとブタ、その生と性と死」の授業の延長線上にあり、いつやるかという時間の問題になっていた。またそれは、四月の父母会で「父母もいっしょになって、子どもたちに、自分のいのちや、生きるということを考えさせる場をつくる試みをやってみよう」と提案していたことでもあった。

さて一方、この四年生の子どもたちはジャガイモを育てることからはじまって、「アンデス↓ヨーロッパ↓アイルランド↓貧困↓移住↓アメリカ↓白人対原住民インディアン↓インディアンの悲哀と抵抗↓アイヌ↓日本人の先祖」という流れで、教科の枠をこえた学習にとりくんでいた。『大きな森の小さな家』のローラは貧困の犠牲者であるアイルランド人やイングランド人の移住者の一例として、また、原住民のインディアンからみると大陸への侵略者として、わたしは位置づけていた。

子どもたちがわかりにくかったのは、「いぶす」ということばだった。これをわからせるためには、実際にやってみるしかない。子どもたちのやってみたい心と、やらせてみたいわたしの心が一つになって、いよいよ本気でとりくむことになった。

さあ、たいへん。わたしだって薫製《くんせい》の経験などないのだ。さっそくお母さんたちに相談する。「黒豚の会」にはいっている小林くんのお母さんが、「毎月一回、会の人が鹿児島からとりよせた黒豚を解体して、ハムやベーコン、ソーセージをつくっている」と教えてくれた。会の人たちはお茶箱を利用して薫煙をやっているという。

最終的にはその人たちに援助を依頼するとしても、まずは自分たちで調べてみようということになった。中野図書館へいって『ロビンソンクルーソーの生活』をかりてくる。これは、野外でただ木をもやして、その上に魚をならべて、煙でいぶす方法。しかし、この都会のどまんなかに木をもやせるところはないのだ。しかも、長時間もやさなければならない。

日曜日も本屋まわりをした。ある本屋で〝鶏のくん製〟の掲載されている『私の保存食ノート』(文化出版局)を買った。まだあきらめきれずさがしていたら、なんと、『大草原の小さな家の料理の本――ローラ・インガルス一家の物語から』(文化出版局)という本があった。ああ、やっぱりね。ローラの本を読んでいると、出てくる料理は全部つくってみたくなるもんね。

『大きな森の小さな家』は、毎日少しずつ読みきかせをして、ほぼ一冊、読みおわっていた。そのうちに、ほとんどの子がこの本を親に買ってもらっていた。子どもたちは、食べものづくりの話が文中に出てくるたんびに、「先生、これもつくろうよ」と、口にするようになった。

しかし、当然のことながら、「豚一頭ぶんをまるまるみせると、うちの子はショックで肉を食べなくなるかもしれない」という意見を出す親もいたので、親どうしで話しあい、学習する機会をもった。「自分で手をくだすことはできないが、人が殺したものは平気で食べられる」という感覚に対する疑問をもつグループと、「そうはいっても、感覚的に、生理的にそれを受けいれることができない」というグループに分かれた。二度目は、NHKテレビで放送された「血の一滴も生かす」を見て話しあった。

いままで首をかしげていた人のなかで、「思ったほどショックはなかった」といって、やってみることに賛成した人もいた。しかし、あるていどは理解が深まったが、「わたしはどうも……」という生理的な問題はすぐどうこうすることはできない。そこで、わたしが「これは自由参加にしよう。子どもを参加させてこの問題にとりくんでみたい人は参加。うちの子はいまのところは……、と思う人を強制的に参加させることはしない」というふうに提案して、話がまとまった。

手づくりソーセージの作り方

もっとも、屠殺をシロウトがすることは禁止されているので、屠殺した豚を一頭ぶん、まるまる用意するということになった。四月十九日、クラス行事を担当する二十人ちかいお母さんたちのうち、鶴田さん、阿多さん、わたしが代表となり、まず、丸萬食肉卸売センターへいって、そういうことが可能かどうかをきいてきた。オーケーだった。

五月七日、角さんにかりてきた薫煙箱《くんえんばこ》を教室に運ぶ。

◉ベーコンをいぶすはこを見て：阿多秀憲

鳥山先生が、大きな物をもってきたから、何かと思った。そして、鳥山先生があけたら、ベーコンのにおいがしました。そして、僕は、なかにベーコンがはいってると思ったら、中になにもはいっていませんでした。

そしたら、先生は、「前、小林君のお母さんがつくってくれたベーコンは、これでつくったのよ」と、言いました。そしたら、僕は、あれでつくってみたくなりました。先生が、今度の土曜日、ソーセージとベーコンをつくると言いました。そして、僕はベーコンに手をあげました。はやく土曜日になんないかなと、心の中で思いました。

五月八日、親は親のほうで、ハム、ソーセージの作り方を調べに出かける。須藤くんのお父さんの紹介で、日大農獣医学部まで、児玉さん、金長さん、阿多さん、鶴田さん、それにわたしとで出かけ、葵さんに会う。ていねいにその全工程を説明してくれ、大学内にある工場のなかもみせてくれた。サクラのチップや、皮なしウインナーをつくる腸のかわりになる材料の見本をいただいてくる。教室には、須藤さんのダンナさんより、ソーセージづくりのセットが届けられた。

五月九日、子どもたちは、薫煙箱や、いぶし用の木端《こっぱ》づくりにとりくむ。わたしはお茶屋さんから大きな茶箱を二つ買った。一箱二千三百円の格安だった。それを友人の砂長さん、わたしの娘、わたし、大谷くんのお父さんの連携で学校まで運ぶ。「黒豚の会」の角さんから借りた薫煙箱をみながら、子どもたちは薫煙箱づくりにとりくんだ。

佐藤綱治くんは、わたしの配ったプリントを読んだ日、すぐに自分で板を買ってきて、学校にもってきた。このプリントによって、いぶすと、どうしてくさりにくくなるのかという疑問などが少しはとけたようだ。放課後も残って、つくりあげていく。子どもたちもこれをつくりあげないことには、ハム、ソーセージができないので真剣だ。プリントには、宇土巻子著『カントリー・キッチン』（山と溪谷社）から、薫煙箱の仕組みや薫製の方法などを引用させていただいた。

●スモークハウス

肉に煙と温度をかけて製品に仕上げるための装置で、工業用から家庭用までさまざまなタイプがある。一斗缶、木箱などを利用してかんたんにできる。熱源と煙源は分けたほうが操作しやすい。熱源としては電熱器、練炭などが向いている。サーモスタットが付いていると温度管理がラクにできる。

●薫煙材

サクラ、ナラ、カシ、ヒッコリーなどの堅木がよい。マツ類はヤニが多くて、燃えるときに独特な香りが出て製品の風味を損なうので避けたほうがよい。オガクズやチップの状態で使う。

低い温度で不完全燃焼させると煙が発生する。その煙の成分であるホルムアルデヒド、フェノール、ギ酸、酢酸などが肉に付着し、内部まで浸透する。すると、肉が酸性となり、細菌の繁殖が押さえられる。また、ホルムアルデヒドやフェノールには殺菌効果があり、とくにフェノールは脂肪の酸敗防止効果がある。

また、スモークウッドといってオガクズを適当な大きさに固めた製品もある。火をつけると線香のような煙を一時間半~二時間、連続的に出すという便利なもので、煙の管理がいらない。

●薫製食品づくりの手順

整形
冷却（冷蔵庫で一日）
塩漬（四~五日）
水浸（三時間）
乾燥（五十度で二時間）
スモーク（六十~六十五度で六時間）

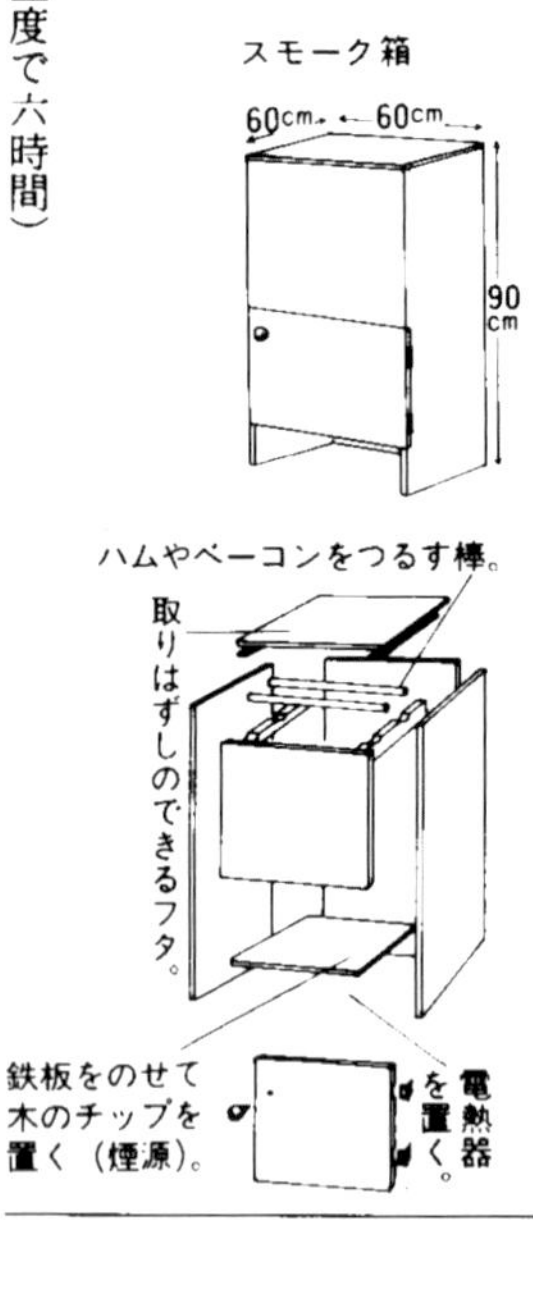

水煮（七十五度で一時間）

●水煮と冷却

調理しないでそのまま食べられるように、細菌や寄生虫を退治して安全性の高い食品にするために行なう。ハムとソーセージ類のみ。七十〜八十度のお湯で一時間煮る。煮上がったらすぐ水で冷やす。

五月十日、お母さんたちはつれだって香辛料や道具を買い求めにでかけていった。

◉木端を作る：小野晶太郎

今日、木端を作りました。さくらの木を、木端にするのです。はじめ、のこぎりで切りました。三十分ぐらいもきりました。なかなか切れないので、のみでトントントンとついてから切ったら、かんたんに切れました。それを二時間ぐらいやりました。とてもつかれました。

それは、イチゴパックにすごくマンパイになりました。それをあしたもやるのです。どんなにおいがするのかなあと思いました。ためしにすこし先生がもやしたら、ベーコンのにおいがしました。とてもいいにおいでした。たべたくなりました。

◉木端を作る：木島佐和子

私は、こっぱを作るのを少しやりました。木を、のみやとんかちでうって、こまかくしました。私は、少ししかできませんでした。なぜかと言うと、力がたりないから、びくともしませんでした。みんなは、力がありすぎたのか、動いています。この仕事は、力がないとできない仕事だと、私は思いました。

こっぱがこまかいので、なくすんじゃないかとドキドキしながらやりました。少しやっているうちに、だんだんなれて少し動くようになりました。動いた時はうれしかったです。

◉薫煙箱を作る：能見淑子

薫煙箱を作るのは、サクラを木っぱにする仕事より面白そうだからです。薫煙箱は三つ作ります。そのうち二つはお茶の箱から作ります。

私はお茶の箱を手分けして作りました。パイプを通す時はみんなでやったけど、後は二、三人に分かれて穴をほったりしました。いちばんパイプを通すのがむずかしかったです。

くぎをうって、それをちょうどパイプの穴の所にくぎが入るようにどかしました。一回くぎを打ち、そのくぎを引きぬき、その穴にパイプの穴をおき、さっきの場所からくぎを打つのです。なんか、手間がかかったような気がしました。けど、なかなか！　でした。

次に、いちばん上のまん中に穴をあけました。「のみでやると、穴が大きくなっちゃうよ」と鳥山先生が教えて下さいました。私たちは、ちょうこく刀で穴をあけました。そして、エントツもつけました。電気コードの穴もつけました。

私は、少しのこっているのに帰ってしまったので、ちょうつがいをつけたか知りません。けれど、順ちょうに進んで、うまくいけたのでよかったです。

明日が早く来ればいいいな。一時間目からでもいいからやりたいな。

◉薫煙箱：鶴田玲奈

今日、薫煙箱を作りました。私は、佐藤君のほうをやりました。木の板を切る時は、大変でした。久松さんは、「よし。今度こそやってあげようじゃんかえー」と言って、きあいを入れた。でも、切れたのはたったの少し。いつもとあまりかわりませんでした。やっているとこしがつかれました。放課後になっても作りました。

用じがあったので家へ帰りました。お母さんが教室へ行くと聞いたので、「いっしょにつれていってー」と言って、いっしょに行った。行くと、教室にはまだ何人かいました。大寺さんが鉄のこでパイプを切っていました。すると、はをおってしまいました。大谷君が買いにいってくれました。

少しすると、西郡さんと大寺さんは帰りました。金長君、佐藤君と私でやりました。少しすると、金長君はお母さんがむかえに来て帰ってしまいました。さい後になって、三人でやりました。かこいをつけたり屋根をつけたり、直したりしました。七時三十分になって、家に帰りました。そして、薫煙箱はもう全部つくり上げていました。

早くあしたになって、ぶたの料理と、ソーセージを食べたいなと思いました。

◉スモーク箱（薫煙箱）作った：岡田篤

僕は、佐とう君たちとスモーク箱（薫煙箱）を作りました。佐とう君に言って、のこぎりで木を切りました。たて九十cm・横六十cmです。さいしょ、たて六十cm・横六十cmぐらいにしようとしました。鳥山先生が、「小さくすると、もえてしまうよ」と言いました。だから、たて九十cmにしました。僕は、くぎを打つ時、とんかちで指を打ってしまいました。あと、指にとげとか、指にあまり深くないきずが出来ました。とんかちでくぎを打ちました。

くぎを打つのにけんかもしました。だけど、じゃんけんをしました。勝ったじゅんでくぎを打ちます。木村君は、さいごから二番目だけど、僕がさいごにしてしまいました。後から二番目は福島君にしました。半分出来あがりました。僕はと中で帰りました。次の日、その半分をしあげる事にしました。

また作ったら、けがをしました。血が少々出て来ました。少したったら血がとまりました。もう半分をしあげるのに、午後七時までかかりました。

教室に豚がやってきた

「失礼します」

丸萬食肉センターの高橋さん・鈴木さんが教室の入り口にみえた。子どもたちの歓声とどよめき。たいへんな騒ぎだ。
「トンちゃんがきた」「やったー！」
興奮した子どもたちの声をかきわけ、二人の肉屋さんは、大きな枝肉をかついで教室にはいってきた。子どもたちの机をよせ集めてつくっておいたテーブルの上に、それをデンとおいた。テーブルには川嶋昇くんのお母さんが持ってきてくれた厚手のビニールがかけてある。

◉関口詠子

「トンちゃんがもうくるよ」。わたしは、心がドキドキしてしまいました。お母さんたちと男の人が二人でトンちゃんをもってきました。思ったよりずっとずっと大きかった。

◉福島拓也

死んだ豚がつれてこられました。死んだというよりか、殺されたのです。入ってきたとき、一しゅん、ドキッとしました。

その枝肉の上に、お母さんたちがすばやくビニール袋に入れた氷をいくつもおく。子どもたちが近よりすぎると、その体温で肉のまわりの空気の温度が上がり、肉のいたみの進行がはやくなるので、すこし机からはなれてとりかこんでもらう。
水色の大きなポリ箱にはいった内臓をドッカとテーブルの上におく。われさきによく見えるところにいこうと争っている子、その子たちをとりまく親たち。また、ちょうど授業が終わって見にきたほかの学級、ほかの学年の子どもたち。クラスの子どもたちの兄弟、きょうの授業を見にきた自由参加の大人たち。大きな人垣ができた。その一人ひとりがそれぞれまったくちがった目つきで、豚を凝視している。

「これは（テーブルの上の枝肉をさして）、豚を背骨にそってまっぷたつに切った半分」

箱の上には豚の頭がある。

「キャー」「かわいそう」「気持ちが悪い」

興奮した子どもたちからつぎつぎとことばがとび出し、騒然となる。久松美由紀、平瀬綾が泣きだす。もう二度ときくことのできない耳。もう自分の力ではけっしてあけることのできない、見ることのできない目。もう二度と食べることのできない口……。豚の頭は、殺されたにしてはあまりにも静かな顔をして、わたしの手のなかにあった。その頭をいくども強くだきしめたくなる自分をおさえて、子どもたちにその死に顔をみせる。

何人かの子どもたちが目をそむけそうになる自分をぐっとおさえて、頭を見つめる。わたしの近くの子どもたちが、豚の顔をそっとなでる。

◉阿多秀憲

いままで生きていたブタ。ボクは、そんなブタを殺して食べるのはいやだと心で思った。ブタの首から上をみていると気持ちわるくなってきた。今まで肉を平気な顔で食べていたけど、食う気がなくなった。

◉児玉郁子

頭のほうは切ってありました。首のところから血が出ていました。もう気持ちわ

★

るくてたまりませんでした。

◉木村雄一

ぼくが想像していた豚の顔ではありませんでした。いのししみたいでした。ちょっとこわそうです。ねているような顔でした。

◉佐藤絵里香

豚がうらんでいるように見えました。豚は殺された時、そういう顔をしたのだと思いました。

◉鈴木康文

初めみた時、気持ちわるくてたまりませんでした。ブタの顔をよくみるとまだ生きているようでした。

豚ってなんだ、人間ってなんだ

「いまから言うのはだいじなことです。これからやることは豚の肉の料理の勉強ではありません。肉の勉強でもありません。ちがいます」

えっという顔、先生は何を話すのだろうという顔。しかし、みんなまだ興奮していて集中しない。

「これから勉強することは、人間のことです。きみたち人間だね、人間でしょう。この世に生きているのは人間だけではないね。いろいろな動物、いろんな植物も生きているよね、生きているでしょう。わたししたちも生きているでしょう……。きみも生きているね。きみも……。

人間て、いったいなになんだろう。みんな、自分のことだよ。きょうは、人間っていうのはいったいなんなのかを勉強するのであって、肉を料理する勉強ではありません。最後までこのことを考えていてください。ソーセージを作っているときも、ハムを作っているときも」

ことばで表現できない衝撃がからだのなかをかけめぐっていたのは、子どもたちだけではなかった。わたしも興奮している。わたしは、ともすれば、大さわぎだけになりそうな、いいようのない興奮のるつぼのなかで、みんなをぐっと集中させることに懸命だった。そして、この豚の授業のクライマックスに、このことだけは伝えておきたいと、ひとりひとりの子どもの目を見すえて語った。いつもなら「あなたたち」というのに、どういうわけか、きょうは「きみたち」という鋭いことばになった。顔をそむけようとした河口さんの目を直視したあと、ほかの子を見つめる。

「これ、生きていたんだよね。でも、みんなはいままで肉を食べてきたよ。食べなかった子、いないよね。お肉になると目の色を変えて、何杯もおかわりしたよね」

やっと、全員が集中した。

「もう一度いうよ。人間とはなにか、そのことを考えてください。そのことを考えるための勉強なんです」

豚の顔にさわる子どもたちが増える。顔には長いマユ毛があり、マツ毛がある。

「口のなかをみたい」

肉屋さんに手伝ってもらって、口をあける。強そうな歯がある。

「目をみたい」

そっとまぶたをもち上げる。――ああ、生きていたときの、あの目のままだ。

「こっちにも向けて」「ほら」

ことばを失う子どもたち。興奮して、やたらとしゃべる子どもたち。頭を、それにふれられる子たちのあいだを順々にまわす。たくさんの子にまわすのには時間がかかるので、二つ頭を用意してもらっていた。おっかなびっくり手にする。冷たく重い頭だ。手を伸ばすことをこわがる子もいたが、自分のまえをとおりすぎてから、こわごわ手を伸ばす子がふえていく。

泣いている友だちに向かって、能見淑子は自分にいいきかすように言う。

「いまさら泣いたっておそいんだよ。泣くんだったら、もっとまえに泣かなきゃならなかったんだよ。もっとまえに、食べるまえに。もうずっと、わたしたちは肉を食べてきたんだから！　いまごろ泣いたっておそいんだよ！」

つづいて、わたしが言った。

「泣いている人、しっかり見てください。こっちに来て。久松さん、いらっしゃい。しっかりほんとうのことを見てほしいのよ。このあいだ、宮松先生が何度も言っていたね。ほんとうのことを見ることがたいせつだと。みんなはおしっこが汚ないといつのまにか思っているけれど、どうも、おしっこは汚なくなさそうだという話をしてくれたよね（まえに〝おしっこ〟をテーマにした授業をした、そのときのこと）。

それから、インディアンの話をしてくれたよね。宮松先生は実際にカナダに行って、インディアンの生活を体験したんです。本で読んだり、テレビで見たりしただけでは、ほんとうのことはわからないことが多いんだよね。だから、自分の目で見てきた。みんなもしっかり見てよ」

◉久松美由紀

先生が「ちゃんと見なさい」と言ったので、私はおそるおそる見てみました。トンちゃんの体の中は、ほとんど人間の体のなかと同じです。私はなくのをやめて、もう心臓だってさわってやろうと思いました。トンちゃんは、私たちのために死んでしまったのだから、ないているのはおかしいのです。

◉平瀬綾

さいしょ見た時、こわくて、かわいそうな感じがして、思わずないてしまいました。急に先生がきびしくなって、「よく見なさい」といわれたので、ちらっと見たあと、少しずつみました。ぶたの顔をみると、二人分の顔の大きさでした。

「先生、どうやってこの豚、殺したの」と加治木章吾。

「うん。それは、こんど教えるね。ついちょっとまえまで、生きて歩いていたんです。殺したあと、急いで車でここへ持ってきてもらったの。このしっぽにも血は流れていたんですよ」

「えっ、生きていたの!?」

子どもたちは、わかりきったはずのことばを口にする。

「生きてたの。そして、急速に冷やしてもらったの」

「さわらせて」「さわらせて」「おまえ、よく食べていただろう」と、子どもたちどうしで言いあっている子もいる。

からだのなかは、どうなっているか

さあ、いよいよ内臓だ。これは、わたしたち自身の内臓と比べてみるという課題があるが、子どもたちにはどのくらい受けとめられるだろうか。丸萬食肉センターの高橋さんに登場してもらう。ポリ箱からビニール袋にはいっていた腸をとり出し、高橋さんにみせる。

高橋――「大腸です。これは裂いて汚物を出してあります」

わたし――「大腸だって。腸のなかにはウンチがつまっていたの。それを全部、きれいに洗って持ってきてくれたの。ほんとうは、丸いつつになっているんですよ。

わたし、びっくりしたの。腸といえば、ふつう竹の棒みたいにストンと穴があいてると思うじゃない。空っぽだと思うじゃない。でも、そうじゃなくて、なかはこんなにひだひだがいっぱいあるの」

子ども――「マスクメロンみたい」

わたし――「そう、マスクメロンのしわみたいなのがいっぱいあるでしょう。ここで栄養分を吸収するの。これが大腸」

高橋――「これが胃袋」

わたし――「これが豚が食べたもの――きみたちもさっき食べたでしょう――のはいる胃袋です」

胃袋も裂いてあるので、裂け目をあわせてみせる。子どもたちは、胃の内壁の一部が黄色くなっているのを目ざとくみつける。

子ども――「黄色くなっているのは？」
高橋――「胆汁かもしれないね」
わたし――「胆汁は、食べたものを消化するために、胆のうというところでつくりだされる液、薬です。吐いたときににがい黄色い液が出たことあるでしょ、あれね」
子ども――「ぼくたちの胃も黄色くなっているの」
わたし――「うん、そうだよ」
高橋――「これが直腸ですね。それから、切れちゃっているけど、これが膀胱《ぼうこう》」
子どもたち――「はじめて見た。小さいね」
わたし――「これが豚の直腸。きみたちのお尻のところもこうなっているんだよ。これが肛門につながっていて、こっから出てくるの、うんちが。これ全部、洗っておいてくれたのね。大腸のいちばん最後のところで肛門へつらなるところが直腸」
高橋――「これが肛門です」
わたし――「直腸がここにつながって、うんこを出す」
高橋――「割ってあったのが膀胱です」
わたし――「これが小腸。きょうは、これに肉をひいて詰めるんだよ。（十メートルの腸を五等分して五つのグループに二メートルずつわける。）もう、これは洗わなくてもいいですか？」
高橋――「もう一回、洗ってください」
わたし――「冷たい水で？」
高橋――「はい。そうです」

子どもたち――「心臓をはやくみたい。心臓もあるの？」
わたし――「ありますよ」
高橋――「これが豚の舌」
子ども――「タンだね」

それは、これが舌かと思えるほど大きいものであった。たしかにさきのほうは舌らしきかっこうをしているが、のどの奥までずっとつながっていて、それはそれは大きいものだ。しかし、舌の表面をよくみると、人間の舌とそっくりだ。

わたし――「ほら、ザラザラしていて、人間の舌とそっくり」
子どもたち――（おたがいの舌を出して見あっている。）「大きいねえ。長いねえ」

高橋さんは、「心臓」と言ってわたしにわたす。

わたし――「はい、これが心臓。血を抜くために割ったんですって」
高橋――「きみたちの心臓と豚の心臓の大きさは、まったくおなじだって。これが胸のところにあって、死ぬまで血を全身に送りつづけるの」

心臓も、子どもたちに順番にまわす。つづいて、肺、肝臓、胆のう、裂いていない胃袋、脾臓を出す。つぎに、内臓を支えているアブラが出てくる。アミアブラという。それは白くみごとな網になっている。広げると美しく、しかも、丈夫だ。

わたし――「これでしっかり内臓を支えているの。支えているものがないと、内臓はあっちこっちへ動いたり、おっこっちゃったりするからね。広げると網のようになっているから、アミアブラといいます」

わたしもはじめて目にした。からだの神秘さに、驚きは深まるばかりだ。

高橋――「中国料理の鯉の唐揚は、これにくるんで揚げます」

内臓がアミアブラでつながって固定されているしくみのみごとさにわたしも驚いたが、じつは小腸を支えるしくみにも仰天した。あの長い、十メートルにもおよぶ腸は、なんの支えもなくトグロをまいているのではなかった。ちゃんとしっかり支えているものがあったのだ。腸の外側にうすいアブラの膜があり、細長い布でフリルをつくるときの要領で、その膜をうまくつまんでひだをとり、短縮されているのだ。ああ、人間の長い腸もこういうふうになっているのかと、合点がいく。

「くさい！」。子どもはもう鼻をつまんでいる。

「くせえ、くさい！　気持ち悪い！」

「くさい」の連発。大腸だ。うんちが緑色にすけてみえる。

わたし――「きみたちの腸のなかにもみんなはいっているわよ。はいっていない人はいないわよ」

においは拡散し、はなれたところにいる子どもたちも鼻をつまみ、「くせえ」を連発。

わたし――「いま出てきたものは、ウンチをのぞけばぜんぶ食べられます」

◉安本諒子

私の一番気持ち悪かったのは、大腸の中にうんこが入っていたのをみた時です。でも私は、自分だって死んだ時、「この体、気持ち悪い」っていわれたらいやだもん。だから、気持ちわるいとは、あまり思いませんでした。

◉佐藤綱治

大腸はくさかったので、ぼくはもってきたマスクを鼻にしていました。

ブタ一頭、まるごと食べる

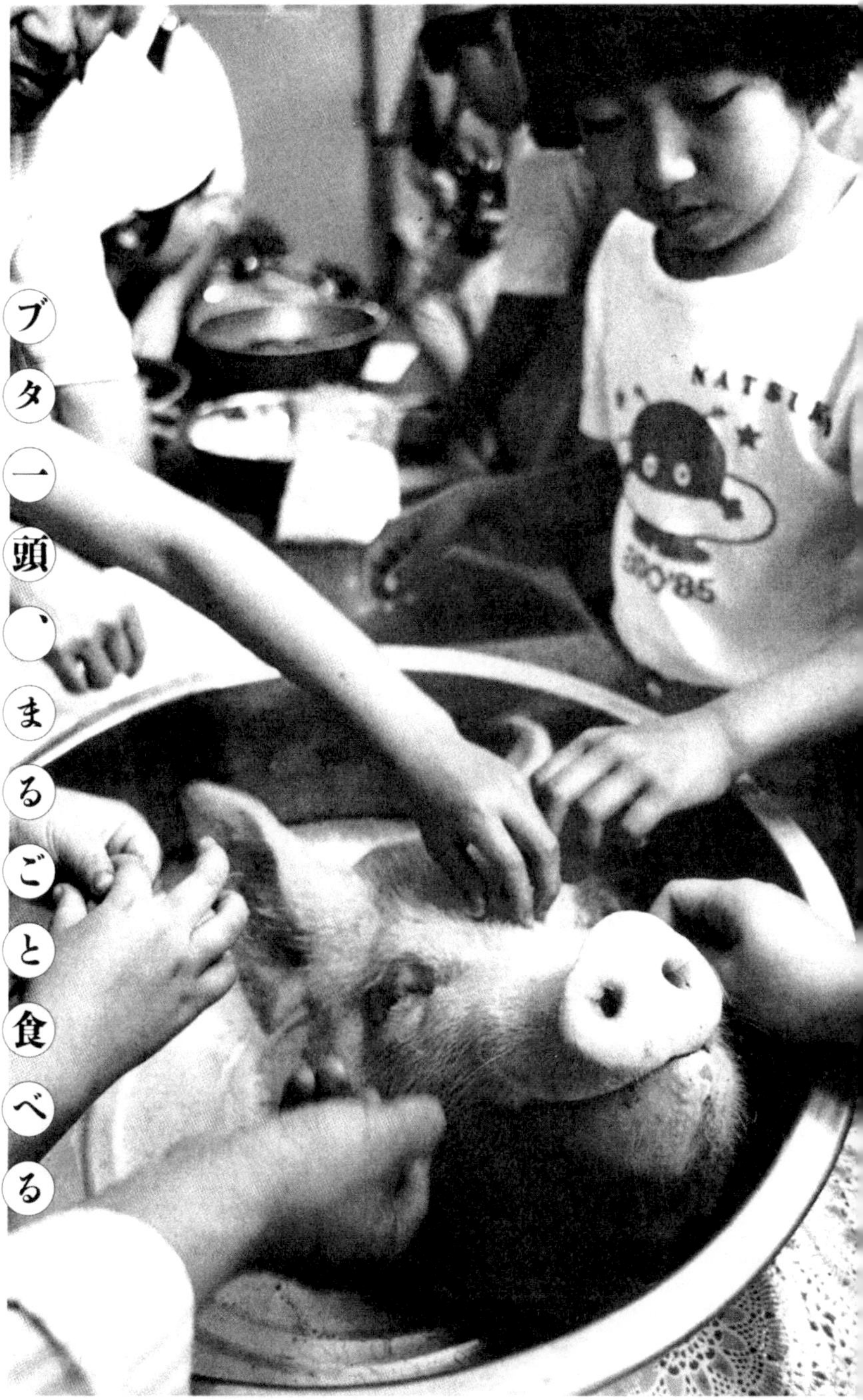

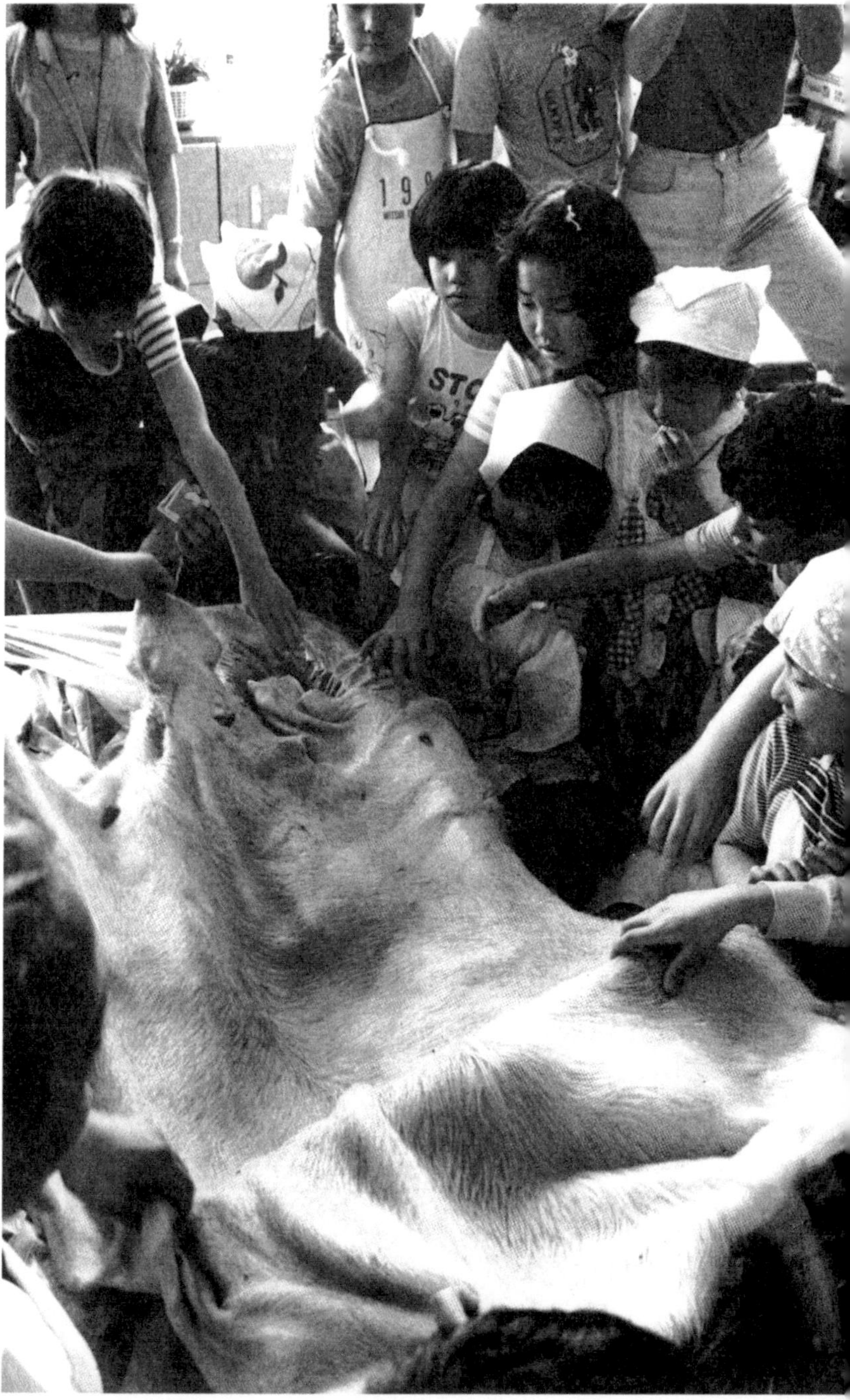

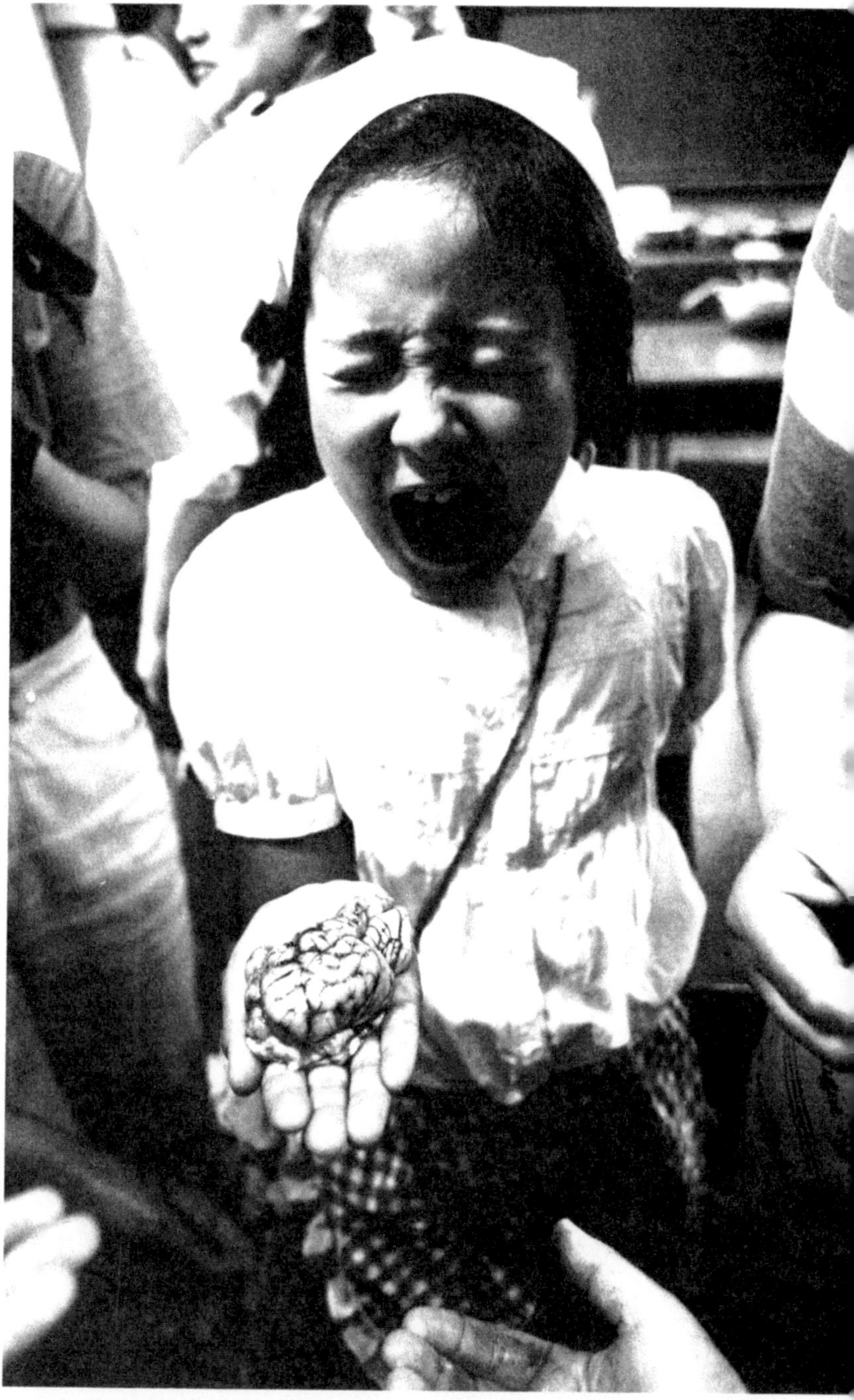

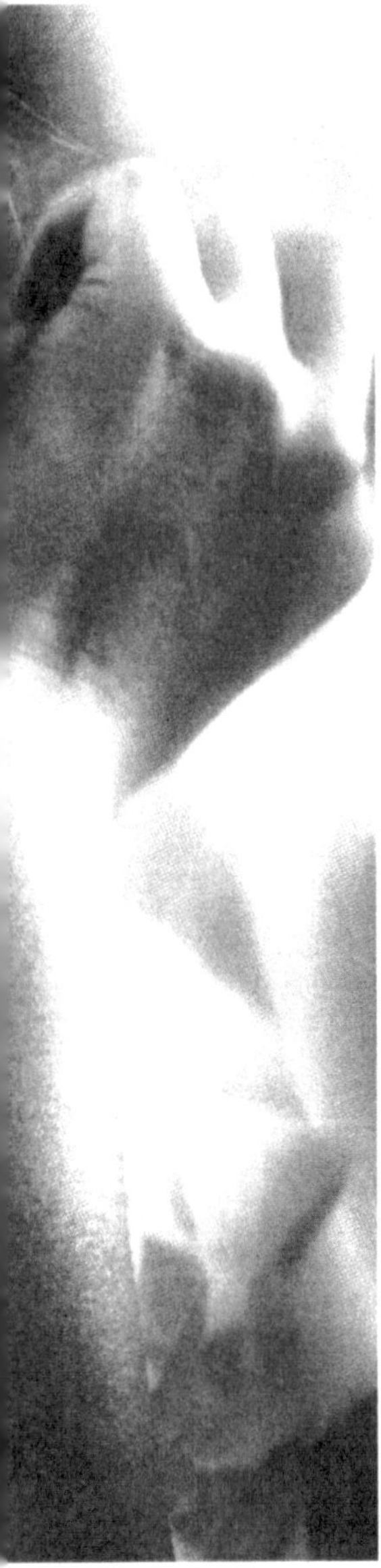

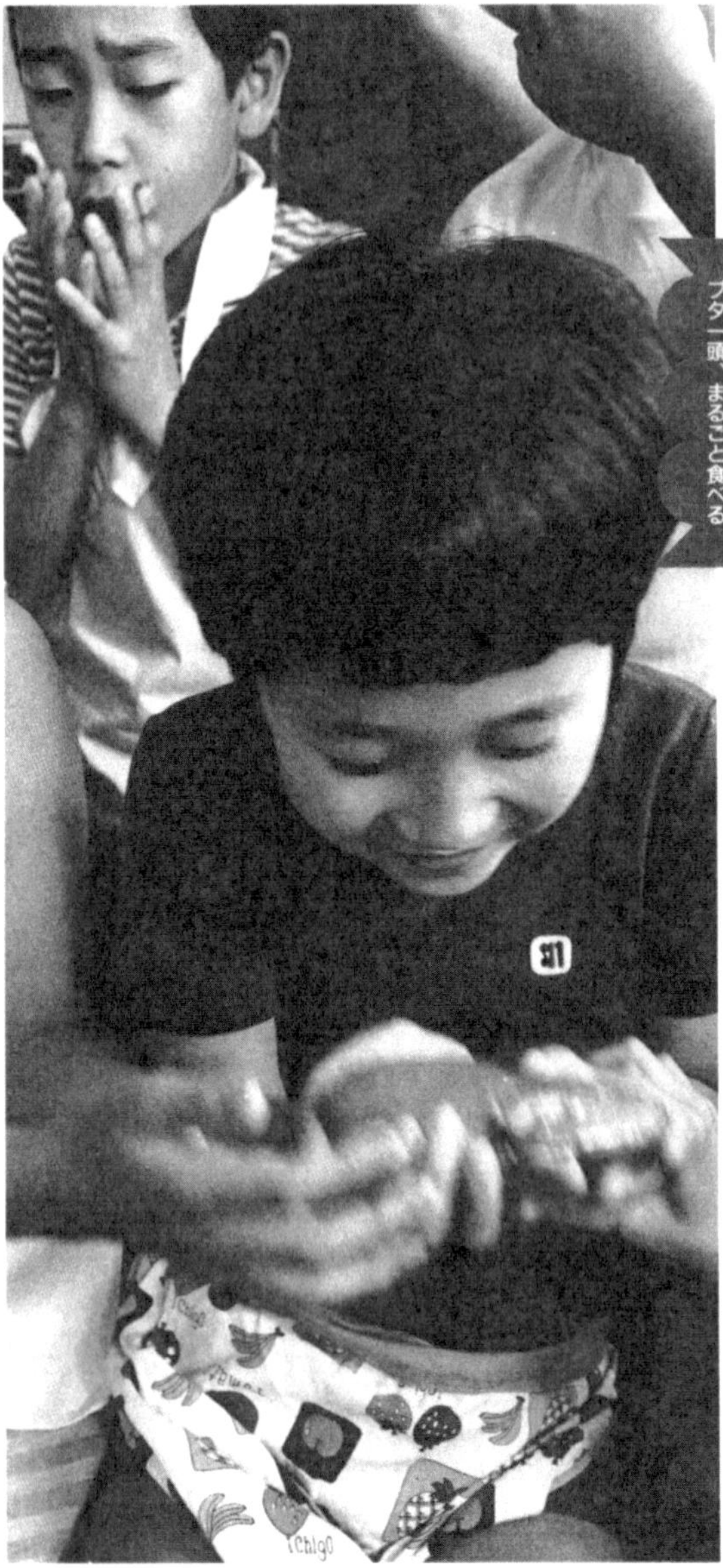

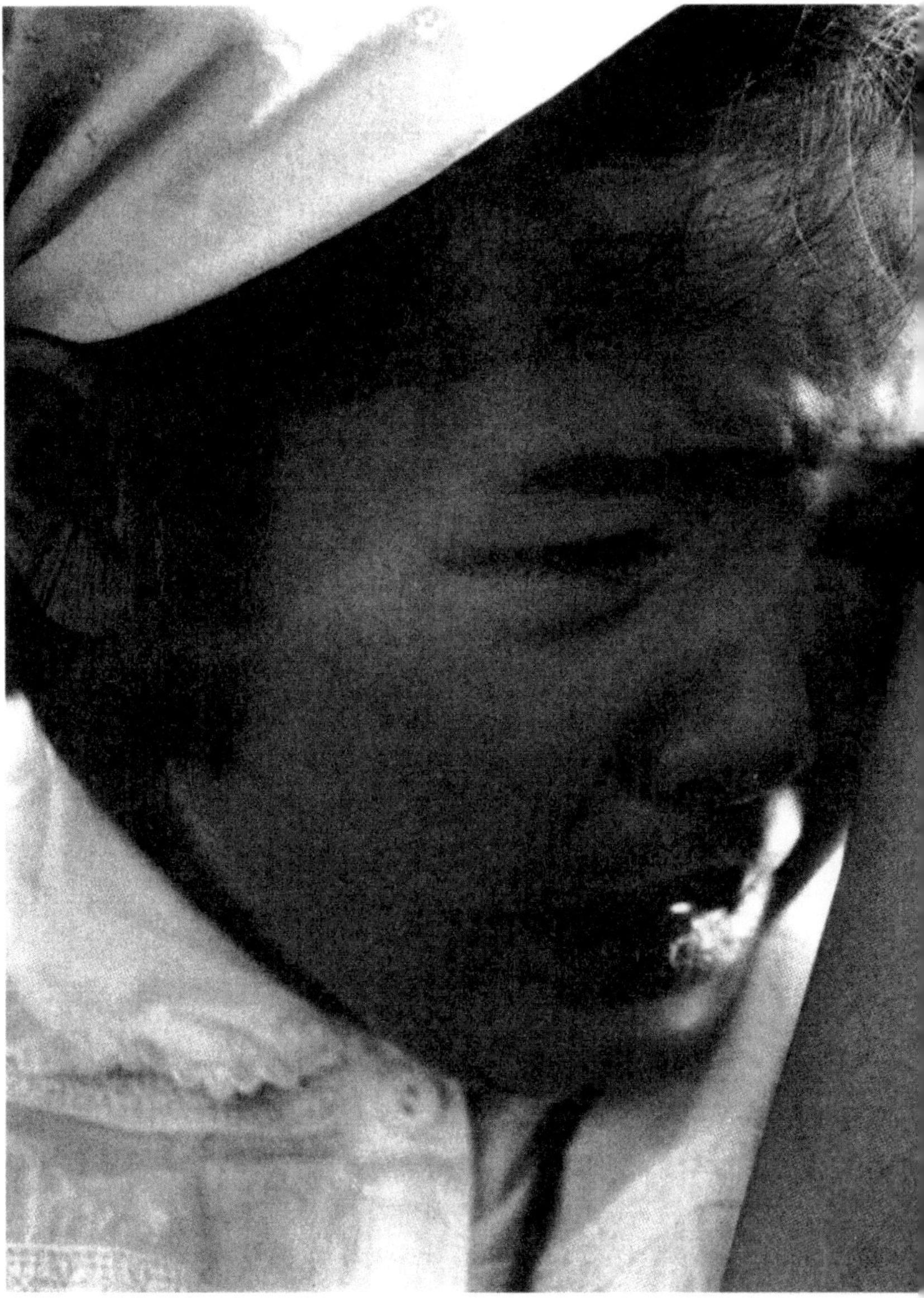

つぎにとり出したのは、しっぽもそっくりついた豚の毛皮だ。折りたたんであった。
わたし――「これがきみたちのバレーボールになったり、靴になったり、バッグになったりするんだよ」
子ども――「歯ブラシの毛にもなるよ」
わたし――「ちょっと広げてみようか」
お母さんたちに手伝ってもらって広げる。重い、重い。
子ども――「あっ、おっぱいがある」

腎臓は人間と同じ大きさ

さあ、手ばやくやらないと肉がいたむ。時間もない。高橋さんたちに肉の解体をお願いする。何種類かのするどいナイフがとり出される。子どもたちの位置をさらにうしろにさげ、ナイフがあたらないようにする。

ブタが死ぬとすぐ、とうさんとヘンリイおじさんは、ぐらぐら煮たったお湯に何回も何回もつけたり出したりして、よくよく煮あげました。つぎに、板の上にのせて、庖丁でごしごしこそげると、かたい毛はみんなとれてしまいます。そのあとブタを木につるし、ぞうもつをぜんぶとりだし、よくさめるまで、ぶらさげたままにしておきました。

すっかり冷たくなると、とうさんとおじさんは、木からおろし、切りわけます。ハムにするもも肉、肩肉、脇腹肉、肋骨肉、腹肉がとれました。心臓と肝臓と舌と、頭肉チーズにする頭肉、それからソーセージにする小さい肉が平鍋一ぱい分あります。

裏口の物置に、肉は板にのせておき、どのかたまりにもよく塩をふります。もも肉と肩肉は、塩水につけました。シカ肉とおなじように、洞の丸太でいぶすからです。

「ヒッコリイいぶしのハムは、なんたって、いちばんだからなあ」とうさんはいいました。――『大きな森の小さな家』から

子どもたちは、もうローラの目をしている。二人の肉屋さんは、汗をかきながら、手ぎわよく解体していく。これまた手ぎわよく、お母さんたちは肉が混ざらないように、ロース、カタ肉、バラ肉などと大きなはり紙をしてある大きなボールに、それぞれの肉を入れて、ハムにする肉以外は家庭科室に運ぶ。

熱を加えてつくる焼肉、焼豚、豚汁のたぐいはぜんぶ家庭科室で、温度をあげるとまずいソーセージとハムは、このまま教室でつくることにしてある。頭もゆでて毛をとらねばならない。

ロースとバラ肉のちがいを説明してもらう。モモ肉の半分は焼豚、ロースはロースハム、バラはベーコンというふうに用途べつにわける。

★モモ
- 焼豚（家庭科室で圧力釜）
- ソーセージ（教室で腸づめ）

★カタ
- ベーコン（教室でつけこむ）
- ソーセージ

★ロース
- ハム
- ソーセージ

★ヒレ…ヒレカツ

解体した枝肉の内側に、レバー色のそら豆の形をしたものがみえる。

子ども——「あの丸いの、なあに？」

高橋——「これは腎臓」

腎臓ときいて、わたしもびっくりした。さんざん勉強してきた腎臓が、背中の内側のところにへばりついている。なんと、人間の腎臓とおなじ大きさではないか。高橋さんはナイフでそれを背骨のついている肉からはがしてくれる。たて十二センチ、横七センチ、厚さ三センチ。人間の腎臓になんと似ていることか。

わたし——「自分の腎臓にさわったつもりで見てみましょう」

◉福島拓也

腎臓は人間と同じで二つありました。右腎と左腎です。大きさも人間と同じくらいでした。

◉鈴木康文

そら豆の形そっくりだなあ。黄緑色だったら本物と同じだ。さわったらプルプルして、ゼリーのかたいやつみたいでした。たった十二センチぐらいの肉のかたまりで、一日にたくさんの血液をこす仕事をして働いているなんて、本当に本当に信じられません。

まっぷたつに切断された背骨のなかにつまっていたのは、セキズイであった。

わたし――「これは、脳からずうっとつながっているの。きみたちのからだもそうなっているの。背骨のまんなかにこれがあって、脳からの命令をからだに伝えるものなの」

子どもたち――「セキズイ」

わたし――「セキズイが切れたらたいへんだよ」

子ども――「だから、骨のなかにあるんだね」

せきずいは、まっ白で一本でした。「切れたらたいへんだよ！」と先生がいった。私もそう思った。もし切れたら植物人間になってしまうかな。豚だったら、植物豚……。

◉佐藤絵里香

豚の頭をゆでる、頭ガイ骨を割る

かあさんは、ブタの頭を、ていねいにこそげてきれいにすると、肉が骨からぜんぶはなれておちるまで、ゆっくり煮ました。それから、きざみ庖丁で、その肉を、木鉢のなかでこまかくきざみ、コショウと塩と香料で味をつけました。それから、煮汁をそれにまぜ、平鍋に入れてさまします。つめたくなるとかたまって、うすく切れるようになり、それが

★

毛がついたままの豚の頭を、大きな鍋に入れてゆでる。それをとり出し、毛をむしる。みんなで手ばやくとるのだが、なかなか全部はとれない。頭がどんどん冷えていく。冷えるととりにくくなるのだ。お母さんたちが用意してくれたカミソリで毛をそっていく。というより、肉をうすくこそげていく。毛をこそげ終わった頭から肉をとる。「馬の顔みたいになったな」と宍戸が言う。

高橋さんが頭ガイ骨を斧でわった。なかからのうみそをとり出す。のうみそは、子どもたちの手から手へとわたった。

頭肉チーズなのです。――『大きな森の小さな家』から

◉松田恭民

はだ色で赤や青の血管がありました。さわると、やわらかくてムニョムニョしていました。

◉安本諒子

豚のがい骨があって、みんな脳にさわっていました。そのすぐそばに目ん玉もありました。わたしも脳にさわったらホヤホヤで気持ちよかったです。

◉鶴田玲奈

のうみそは白っぽくて、迷路のように血かんがあって、少しだけ血がついていた。

◉宍戸美輝

のうみそは白っぽく赤いせんがはいっていました。とてもやわらかくてつぶれそうでした。かたい頭のほねの中にはいっているなんて、よくできているなと思った。どうしてあのやわらかいのうが、はたらくのかな。

◉佐藤絵里香

豚の脳を初めて見ました。豚の脳じゃなくても脳をみるのは初めてです。私の思ったよりとっても小さかった。豚が、あんな小さな脳でいろいろなことを考えるなんて信じられません。不思議だな。人間もあんなに小さいのかな。

◉川嶋昇

ぶたの内臓は気持ちわるい。色も気持ち悪い。でも、ぼくたちも内臓をもっている。金長君は「気持ちわるくない」といった。「どうして」といったら、金長君が、「人間の体にもはいっているから」と言った。「そうか」

◉木村雄一

内臓はぬるぬるしてるんだな。

◉児玉郁子

これから、体を大切にしたいです。

◉阿部雅人

豚の内臓は全部、気持ちわるいです。全部さわりました。気持ちわるく、見たくなく、めまいがしそう。けど、みてしまった。これはゆめでみそうだ。ああ、やだ。けど、そんなことというと、かわいそうな感じがしてきます。

◉**大寺佐知子**

わたしはトンちゃんのオスのチンチンがみたかったです。ブタとヒトがこんなににているとは知りませんでした。

肉をひき、洗った腸につめる

解体を終えたブタは、小さな肉になって家庭科室と教室の机の上に分けられ、手を加えられるのを待つばかりだ。家庭科室には、お母さんたちの手によって、地域からかりてきた大鍋に湯がにたっていた。

この地域の「黒豚の会」の逆瀬川さん、角さんも応援にかけつけてくれた。ハムのつけこみの指導にあたってくれたあと、ソーセージづくりにも手をかしてくれ、さらに、ソーセージの薫煙の指導にもあたってくれる。経験豊富な強力な指導者だ。後日談だが、四年三組の母親の何人かがこの会に入会し、「食品の安全」をめざして、グループ活動をすることになった。

教室では、ソーセージにする肉を手わけして挽《ひ》きにかかったが、子どもたちが用意したひき肉機ではどうしてもラチがあかない。木島佐和子ちゃんは、千葉のおばあちゃんに宅急便でわざわざ送ってもらった機械を使ったが、それでもとても挽けそうにない。なにしろ、ソーセージをつくりたい希望者が多いので、ふつうならソーセージにまわさないロース肉まで追加したのだ。丸萬さんが用意してくれた機械は学校のコンセントにつなげない。

ソーセージ用の肉の温度はけっして上げてはならないから、たいへんだ。氷水をいれて冷やしながらやらねばならないほど、温度には気をつける。もう一刻の猶予もない。みかねた桃園第二小の栄養士の原田さんが、

「鳥山先生。わたし、家に帰って道具をもってきましょうか」

といってくれる。そこへ丸萬さんから、

「店へもどってやってきましょう」

と助け舟。お願いすることにした。

肉を挽いてもらいに、鶴田さんと阿多くんのお母さんが一キロくらいはなれた丸萬さんに走る。そのあいだに、子どもたちは家庭科室へ移る。ソーセージに使う腸を洗う。焼肉をつくるためにレバーや心臓などを切る。それをフライパンや鉄板で焼く。圧力釜で焼豚をつくる。豚汁用に内臓を切り、野菜をきざむ。どのグループにも担当になったお母さんたちがいて、親切に子どもたちに指導してくれる。

わたしは、NHK特集「人間は何を食べてきたか」シリーズの「血の一滴も生かす」で見た小腸の表裏をひっくりかえす場面を、きょうはぜったいにやってみたいと思っていたので、流し台に直行した。すでに子どもたちは自分のグループに配られた腸を洗っていた。蛇口に腸の端をつっこみ、ぐっとつかんで水を流すと、腸は太くふくらみ、まるで蛇のようにくねくねと流し台の上をあばれまわった。しばらく黄色い水が出るが、やがて、透明な水だけになる。

腸の表面のアブラをとり、いよいよ、どうやってひっくりかえそうかと考えた。小さいとき、母が腰ひもをよくつくっていた。そのとき、ものさしを入れてひっくり返していたのを思い出した。ゆっくりさしこんでいくと、多少破れたものもあったが、みごとにひっくり返った。子どもたちもまねしてやりはじめた。

ひっくりかえった腸を塩でたんねんにもみ、水で洗い流す。それをいく本かくり返しているうちに、不思議なもので、だんだんくふうするようになった。ついには、ものさしなど使わないでも、腸の重みだけで手ばやくひっくり返せるようになった。わたしの手つきをみていた六年の岸本宏之くんのお母さんが感心して言う。

「だれがこんな腸につめることを考えついたんでしょうね!」

そのことばは、腸を洗っていた子どもたちもくり返して言っていた。ほんとうに、だれが最初にこんなことを考えついたのだろう。

「最初に考えた人は勇気があるわね」

◉平瀬綾

じゃ口に腸のはしをグサッと入れて、よく洗ってソーセージをつくります。水を入れると、太くなってへびのような形になりました。

◉鈴木康文

豚の小腸を洗う時、うなぎみたいに動きまわるので、とても面白かったです。

薫煙箱でソーセージをつくる

ソーセージ用の肉がとどいた。それに、香辛料・塩・砂糖を加える。教室にもどった子どもたちは、グループにわかれて腸に詰めていく。
余分に用意した市販の羊腸・豚腸はつめやすいが、洗ったばかりの豚腸はぬるぬるしていて、スタッファーの口のところを力いっぱいつまんでおかないと、つるっとぬけてしまう。一つのスタッファーに二、三人がかりだ。詰め終わった腸はお母さんたちの用意してくれた保冷庫にいれた。

◉宍戸美輝

少し休むと空気がはいるので、休まないで！　と言われたから、力いっぱいやりました。

◉長谷川潤

肉をあたためてはいけないので大変でした。

◉関口詠子

すごく力がいった。つよくやりすぎると小腸が破けちゃうのでしずかにやった。けど、やぶけてしまった。

◉木島佐和子

松田君のお母さんといっしょにやりました。お肉をつめてひねると、ソーセージができるのです。空気がはいらないように気をつけてやりました。

◉木村雄一

ひき肉に入れるかき氷を作りました。少したって、岡田君と阿多君とぼくとおばさんでソーセージをつくりました。スタッファーの上から肉がはみだしたり、パンクしたりして楽しかった。

◉**大寺佐知子**

腸につめるのが大変でした。つるつるとすべってしまうからです。腸の先と最後のところをたこ糸でむすびました。

保冷庫にソーセージがいっぱいになった。スモーク箱につるして、三十分間の乾燥だ。ところが、ここでまた大さわぎがおこった。スモーク箱の下の電熱器が三百ワットなので、大量のソーセージの乾燥にはとても時間がかかることがわかったのだ。

そこで六百ワットにしたのだが、四つのスモーク箱がおのおの六百ワットで、合計二千四百ワット。とうとうブレーカーがおちた。用務員室からひいていたので、用務員室の電気が全部きえてしまった。冷汗をかいてあやまる。結局、また三百ワットにおとして、予定した時間より長時間を要することになった。

そのあいだに、焼豚・豚汁・焼肉をたべに家庭科室へ行く。

家庭科室の外の屋根にもスモーク箱が二つ。そのうちの一つは佐藤くんたちのつくったローラ・インガル

ソーセージの作り方

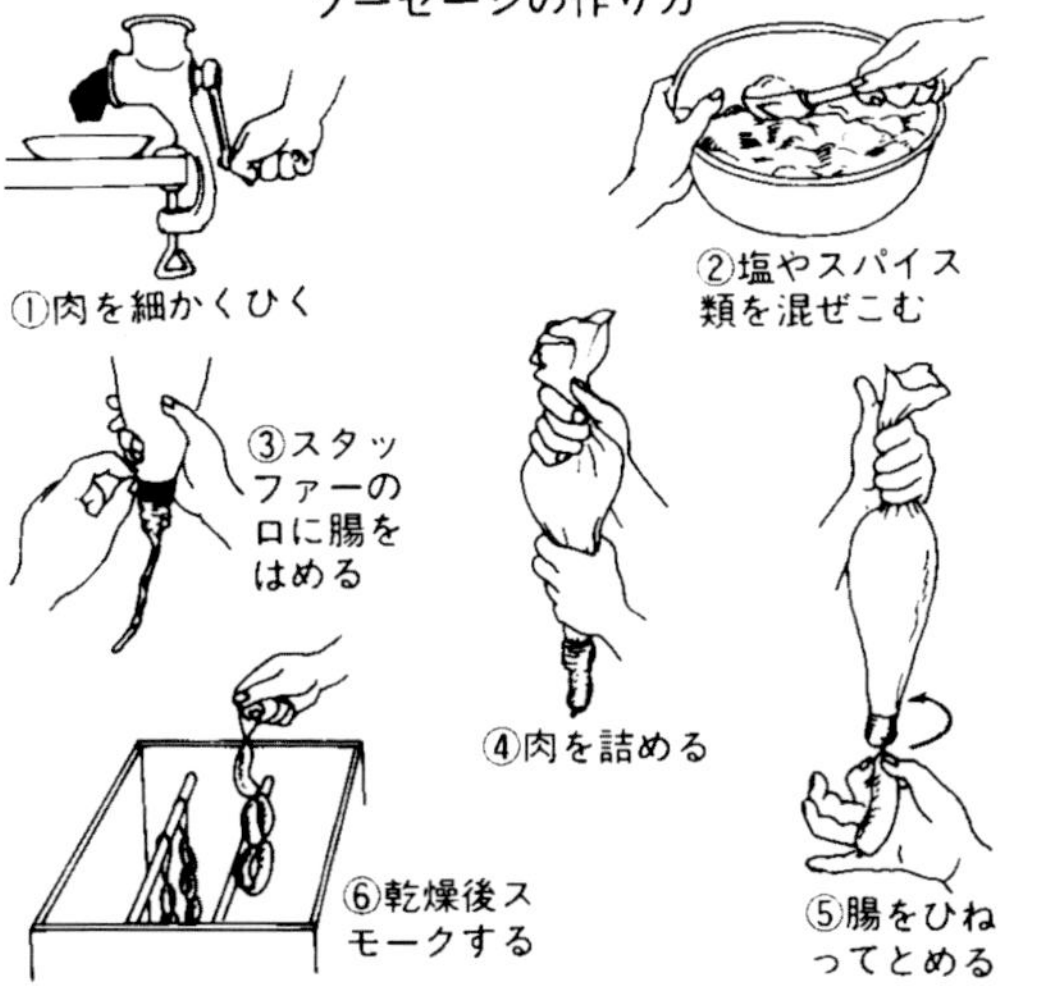
①肉を細かくひく
②塩やスパイス類を混ぜこむ
③スタッファーの口に腸をはめる
④肉を詰める
⑤腸をひねってとめる
⑥乾燥後スモークする

ス家ふうのもの。さいわい煙は教室のなかにはいってはこない。薫煙をはじめるまで、ひと休み。

やっと楽しみにしていた薫煙だ。しかし、薫煙ができるようになったのは、四時近かった。六十度～六十五度で四、五時間と書いてあるが、今回は一時間にする。子どもたちが長いあいだかかってつくった木端も多少使い、あとは薫煙棒を使った。木端は、十日後のハムの薫煙のときに使うことにした。

薫煙のあいだに、教室や家庭科室のかたづけを開始。もう五時すぎだ。薫煙後は七五度のお湯で三十分間、ボイルするのだが、これは家でやることにして、薫煙したソーセージを、それぞれ子どもたちにもたせて帰らせることにした。

＊この授業を行なうにあたって、『大きな森の小さな家』ローラ・インガルス・ワイルダー著・恩地三保子訳（福音館書店）、『カントリー・キッチン』宇土巻子著（山と溪谷社）を参考にさせていただきました。

◉阿多秀憲

「みんな残さずきちんと食べなさい」といったから、ちゃんときれいに最後まで食べました。そして、寺田君のおばちゃんが僕におまけをしてくれました。ずっと肉をかんでいたら、骨になったから、犬にもって帰ろうと思いました。焼豚もたべた。

人間だけの世界じゃない

●子どもたちの感想文

◉人間とはなにか：佐藤綱治

「ドサッ」と、九十kgくらいある大きな豚が、教室のまん中の赤いシートがかぶさっているつくえにまっ二つになっておかれました。

頭は後におかれた青い大きなカゴの中に二つありました。その頭をぼくたちに見せてくれているとき、ひさまつさんがおくの方でないていました。ぼくは、なくのをがまんしてというか、なぜかなけませんでした。だけど、まえにおいてあるまっ二つの豚を見て、豚もくろうしているんだなあと思った。人間は生きた物をころして食べるほかにほうほうがないのかと思いました。青いかごの中には内ぞうも入っていて人間そっくりでした。

あとで肉の中からぼくたちが勉強していた腎臓もみつかりました。その腎臓も人間とそっくりでした。やっぱり動物は、たいせつにしたいです。しかしあとで、のう見さんが豚ののうをもってきました。それはおまんじゅうくらいの大きさで人間ののうとくらべて小さかったです。どうしてあんなたいせつなのうが、こんなに小さいのかふしぎでした。それにくらべて人間ののうはすごく大きいのです。でも、そののうを動物をころすためののうにしてほしくありませんでした。

◉人間とは何か：鈴木康文

僕は、人間とは何か、先生に言われて、不思議に思いました。

人間は、言葉という物も使えるし、字も書けます。人間が、動物を食べるなら動物も、人間を食べていいんじゃないのかなあと思いました。ブタも魚もです。

僕は、ブタがかわいそうだと思いました。ブタは、人間に食べられる物のように生まれて来たからです。僕は、この地球上の中で、人間が動物のリーダーじゃないと思います。それは、同じ動物で人間は、言葉といい頭をもっているだけなのに、他の動物を食べたり、かってに木を切ったり、家を建てたりするからです。もし、反対に人間が他の動物に食べられるとしたら、どんなにくるしいかわかると思います。

僕は人間だけの世界じゃないんだなあとわかりました。

◉人間とはなんだろう：久松美由紀

私は、人間とはなんだろうなんて思ったことは一度もありません。ただ、人間は人間だと思っていました。でも、十一日の豚のことで私は思いました。よく考えてみると、人間は生き物をころして食べているのです。

私は、ころされた豚を見てなきました。でも、できあがった肉は、ないたことなんか、すっかりわすれて食べていました。私がないたのは、見せかけだけのなき方だったと思います。もし、本当にないていたら、肉なんか見る気にもなれなかったと思います。

私は、あの時、なぜないたかふしぎです。かわいそうでないたのか、それとも、自分をやさしく見せかけようとしてないたのかもしれません。あの時は、ひとりでになみだが出てきたのです。

生き物をころさなくても食べれるものができればいいと思います。人間は、かわいそうだと思いました。なぜかというと、生き物をころさないと食べていけないからです。

◉人間とは、なにか：宍戸美輝

ブタの顔を見た時、美輝は、なきました。どうしてかわからないけど、かなしくなりました。でも、いつものように肉を食べているけど、みんな、こういうふうにして食べるのか、と思いました。

お肉屋さんでたくさん売っているけど、たくさんころさないでほしいです。でも、りょうりして食べるとき、あのブタがこんなになるなんて、と思いました。

◉人間とは、何だ：木村雄一

五月十一日土曜日、ぶたが来たとき、鳥山先生が、「今日は、料理することが勉強ではなく、『人間とは、何だろうか』とソーセージを作っているときもそう考えていて下さい」と言いました。

人間は、悪いと思います。自然を大切にしていないし、動物のことを考えていないので、悪いと思います。

人間は、生き物を食べます。食べられる方は、かわいそうです。だからといって、食べなかったら、ぎゃくに人間が死んでしまいます。だから、食べ物を食べるということは、命をもらうことだから、食べ物を残してはいけないと思います。

地球は、人間の物ではなく、みんなの物です。人間が中心ではないのに、人間だけがいばっています。原子力ばくだんを作っているのは人間で、落とせば、ほかの生き物にもめいわくかかります。

本当に、人間とは何だろうか。

◉人間とはなんだろう：内田佳代

人間とはなんだろう。生物《いきもの》をころしてたべる。生物は、全部生きている。ブタも牛も鳥も生きている。人間につかまったらブタはブタ肉に、牛は牛肉に、鳥は鳥肉にと人間の食べ物になる。

おかしなことに、目の前にこれから料理する死んだブタがでると、「かわいそう」とか泣いたりする。いつも食べる肉なのに、死んでまだ料理されていないものはちがう物のようにみる。それじゃあ、いままでたべてきたぶたがかわいそうだ。自分がすきで人間に食べられてはいない。かってに人間がつかまえて食べているのに。

でも、「かわいそう」といって泣いたりするのははじめのうちだけ。あとの、料理することは、うれしそうにする。今さっきまでないてた人とは大ちがい。人間とはおかしな生物だ。

◉豚の授業を見学して：田澤正子（母親）

生命の尊さ・もののたいせつさを子どもに教えるために、豚を殺して食べる授業をしたいという先生の提案を聞き、当初、はたして生きものを殺して食べるということが、子どもにどのような教育的効果があるのか疑問だったし、親として、ただ恐怖感を与えるだけではと心配した。

当日、授業に参加してみると、それは杞憂だった。豚の解体を見ているさまも、その肉を喜々として食べているさまも、子どもたちがこの授業をどんどん自分のものとして吸収していることを表わしていた。

私自身、生きものを殺し、それを食べ、おのれの生命を維持していることを日常、意識することはまったくない。残りものは惜しげもなく捨てる。捨てることは命を粗末にしていることにほかならない。しかし、その意識はまったくない。こんな親が子どもにいくら生命の尊さを説いても説得力は無に等しい。

今回の授業は、親への強烈な警告だったかもしれない。

なお、この授業は、さいわいなことに映画として記録された（グループ現代・制作『鳥山先生と子どもたちの一カ月――からだといのちと食べものと』）。その映画を見た一人の女性の感想をつぎに載せておく。この「ブタの授業」が、また違った角度からとらえられるかもしれない。

映画には、文章で表現しきれなかったことや、わたしも知らなかった子どもたちの姿が描かれている。興味をもたれたかたは、ご覧いただければ幸いです。

▼グループ現代…東京都新宿区新宿一―一二―三　藤田ビル三階　電〇三―三四一―二八六三

世の中、身の内の「混沌」を受け入れる子どもたち

映画「鳥山先生と子どもたちの一ヵ月」を見て

秋定啓文

●手は気持ちよかったけど、心は気持ち悪かった

四年三組の人たちは、ほんものの豚を解体してベーコンやソーセージを作るというと、歓声をあげたそうだ。しかし、当日は、映像にあるごとく、泣きだす人もいれば、気持ち悪いという人もいた。鳥山先生は、豚の頭やシッポや腎臓《じんぞう》などを、みんなに触《さわ》らせた。心臓も腎臓も人間と同じ色と形をしていた。大きさも同じだった。

豚を触った人があとで言っていた。

「冷たくて、手は気持ちよかったけど、心は気持ち悪かった」

手で感じたものと、心で感じたことがあるのだった。

豚の頭に触《ふ》れる子どもたちの手つきは、まるで目の見えない人のそれのようだ。何物とも知れないものに触れるときのおそれ、慎重さが、どの手にもあふれている。指先が目になり、指先に全神経が集中して、そこで感じている。豚に触れていないとき

ですらそうだった。

触れたあと、みんなは変わった。豚の腸を洗いながらも、四年三組の人たちは変わっていった。腰が座わった。楽しそうになった。

気持ちよさ、そして、気持ち悪さが、ふたつともみんなのなかにあったまま、豚は、ベーコンとなり、ソーセージとなった。みんな、それを食べた。

豚は医学的には死んでいた。生物学的にも死んでいた。でも、ちょっと違うな、いつものベーコンとは……。生きているベーコンといいたいようなのだ。

触れてみた豚は生命あると感じられる豚だった。それは、指先が知っている。豚に向きあったからだが知っている。説明はできない。証明はできない。だが、感じたものがあることを、みんなは知っている。

指の先にちゃんと考えがあるように、ていねいに洗い、ていねいに肉を腸のなかに入れていく。木っ端《ぱ》を作ってできた木の粉を、指が自然に触っている。

●かわいそうだから食べない？

豚の授業のときも、まえのクラスでの鶏《にわとり》の授業のときも、「これからは、かわいそうだから、動物の肉は食べません」という結論は出ただろうか。そんな結論は出っこなかった。

みんなは、鳥山先生の言った「豚の肉を食べて生きる人間について考え」ていたが、考えることと、結論をひとつに決めて出すことは、綿と石ほどの違いがあるのだった。

その点、おとなは性急だ。

まえに鶴見良行さんが鳥山先生の教室に来て、バナナの話をしたときに（『ひと』〈太郎次郎社刊〉百四十号、百四十一号に記録を収録）、おとなは、「貧しいフィリピン人にとっては、日本人がバナナを食べたほうがいいのですか。それとも食べるべきではないのですか？」という質問をした。

だが、みんなは、「教室でバナナを食べた。おいしかった」「農薬で病気になるのがこわい」「びんぼうな人はダンボールで家をたてている。私だったら違うものでたてる」と実感を述べて、「苦労して作ったバナナ」を味わって食べていた。

どちらが、フィリピンのバナナにちゃんとあいさつしているだろう。

たぶん、おとなは忙しいのか、息が浅い。おしっこをがまんする生活をずっと続けてきたのかもしれない。ひどくくたびれているから急いでしまうのかもしれない。

おとなと子どもなんて分けられないことなのだが、このごろ子どもはみんな○×式で早く結論を出したがるなんて言われているから、反対のことを見つけると、大げさに言ってみたくなったのだ。鳥山先生のクラスの人たちだって、まだ、その問題について考えたいという気持ちが起こらないうちに解答を求められたら、早く結論を出したがったかもしれない。緊張を強いられることが続けば、だれだってそれから逃れたくなるだろうから。

その点、鳥山先生のクラスのみんなは、たいてい、ゆったりしたからだで、考えている。そんなからだで、考えをグワッと深めることも、ジワッと掘り下げることもできる。

●居眠りすることも横になることもできる教室

鳥山先生は、教室をちゃんとそうじしなさい、と言うだろう。自分の持ちものは自分できちんと整理しなさい、と言うかもしれない。早く、とせかされたり、走って教室にもどらなくてはいけないときのほうが多いかもしれない。

人の話を聴《き》かずに勝手におしゃべりをしているとしかられる。話をきいているときに立ち歩いていたら、「話をきいてくれる?」と言われるだろう。

だが、しんどいときは自分のからだのしたいようにしていい。このことは、はっきりしている。寝ていたければ、寝ていてもいいのだ。からだのどこかがぐわい悪ければ、楽な姿勢で話をきいてもいいのだ。ときには、席を変えることもできる。

いちばんいいのは、チャイムで答えをせかされないことだ。チャイムが鳴っても、顔色も呼吸も変えず、考えを進めていく子どもたち。細切《こまぎ》れの時間で切り刻まれないからだが、そこに育ってくる。

●人間以外の生命を生きてみる

そのからだたちが、豚になったり、カマキリになったりする(『イメージをさぐる』〈太郎次郎社〉に授業記録を収録。)

豚の交尾のときに、下にいたために、思いもかけずメス豚となり、胎児を育《はぐく》み、やがて子豚を産んでいく。一頭ずつ、ちゃんと産んで十五頭を数えた女の人は、頰《ほお》を上気させ、赤ちゃんを産んだ直後の産婦と同じいい顔をしていた。

カマキリの生から死までを集中してやりおおせた女の人は、それが始まるまえ、鳥山先生の話をきいているときに、もうからだのなかから何ものかが動きだしていて、そのためにからだがはねるように動いていた。

この人は、手からカマキリになっていき、死んだときも、カマキリの手がそこにあった。男の人でも、手に生があり、手に死が生じて、あとのからだは黒子《くろこ》のような人が何人かいた。

四年三組のみんなは、そうした人間以外の生命を生きてみることで、何を得たのだろうか。授業の目的は何なのか。どんな効果があるのだろうか。生命のたいせつさがわかるのだろうか。生きていくことのたいへんさがわかるのだろうか。

ことばにしなければならないとしたら、授業記録にそう書かれ、感想にもそんな文字が並ぶかもしれない。

だが、カマキリになった子どもたちの内部に起こったことは、直後にことばで表わせるものは、ほんのわずかではないだろうか。

別の生命を生きることは、触覚や、聴覚、五官のすべてを動員する。あるいは、未知の感覚もあるかもしれない。からだが、頭で考える「生命のたいせつさ」などから解き放たれて、生命あるもの（カマキリ、豚）として生きはじめたとき、すべてが生き生きと動きはじめていく。

そこには歓《よろこ》びがある。魂の、細胞ひとつずつの歓びがある。

だからこそ、すべてが終わり、もとの子どもたちにもどったとき、生ききった人は美しく歓びにあふれているのだろう。

それは、豚の解体のときの興奮にちょっと似ている。知らないものをわが手で知っていく歓び。これらの歓びには、いまの人間社会の常識や倫理観をするりと抜けてしまうところがある。思想をも裏切ってしまうところがある。冬、カマキリとして死んでも（それは悲しくてたまらないと思っても）、もとの自分は、それでこころを塞《ふさ》がれ、悲歎《ひたん》にくれはしないのだ。

みんなは、別の生命を生きたあとで作文を書かせられる。「書ける人だけ書きなさい」と言う鳥山先生は、書けない状態のからだも、こころのことも、よく知っている。考えをまとめて文字にする。かんたんに「生命はたいせつにしなければいけないんだ、と思った」と書かない子どもたちが、そこにいる。子どもたちの感想は、その場に参加した、または参加しなかったオヤ（お母さん、お父さん、おばあちゃん、お兄ちゃんなど）たちのことばを受けとって、自分の考えとだぶらせるところも少なくない。だが、そのなかにおさまりきれないものが書かれていて、それこそが、その授業でその人が生きた証《あかし》ともいえるものになっている。

豚を見、触り、じゃがいもの切れる音のさわやかさをきき、煙の匂いをかぎ、そのなかで何かを感じ、生命についてからだ全体で考えたみんな。

その人たちは、映画の最後にあった「よだかの星」で、また違った体験をしていた。そのものがそこになくとも、ことばを通じてそれを言う自分が変わり、それをきく相手が変わっていく。

あのにぎやかな教室が静かになっていた。ほかの人が言うことばをきいているみんながいる。「黙っていなさい」と強制することからは生まれない、「集中した」静かさがそこにあった。

●友だちの力をもらう

集中するというのは、子どもたちにとってむずかしいことではない。砂場でトンネル、ダムをつくりあげるとき、ブロックやプラモデルを組み立てるとき、また、野球やサッカーに興じる子どもたちを見ていると、その集中力はかなりなものだ。だが、友だちが音読をしているとき、それをからだ全体を澄《す》ませてきくということは、なかなかできない。

それは、友だちのことを認めていないとできないことなのだ。

鳥山先生は言う。「私にでなく、友だちに説明しなさい」。

それから、こうも言う。「友だちの話をききなさい。友だちから力をもらうことができる」。

その積み重ねでできあがった、お互いのからだを受けとめあえる関係。これがあっての集中なのだった。

私は、鳥山さんのお父様のことばをいくども思い出した。

「敏子、どんなできん子でも、親が小さいときからだいじに育てた子やけん、そまつにしたらいかんで。自分の子をよくしてほしいと願わん親はいないけん、親の気持ちをよう察してあげな、いかんで」

子どもたちにかぎらない。人が人に対するとき、生きものに向かうときの生命に対する尊厳を言うことばだ。いくどとなく思い出しては、私自身がそのたびに諭《さと》されている。

●混沌を受け入れる子どもたち

三組の人たちはカマキリになって、冬の野原で死ぬ。縦の日常生活（直立のからだを用いる生活）から横になるだけで、非日常が現われる。そこで死んでいるみんなの集中度はさまざまだが、映像に表われたどの人も、横になりつづけていることからからだ中を巡《めぐ》る体験があって、それが想像されて、私は泣いていた。

鳥山先生のクラスのみんなだけがすばらしい、などとはぜんぜん思わない。どの子たちも隠しもっている宝ものが、こうした授業の積み重ねで、ほんの少し見えてきたのだろう。

そして、こういう授業の積み重ねで、四年三組のみんなに、何かが残るとしても、それは、ナニカガノコル、としか言えないものだろう。

私たちは、この一瞬一瞬に生き、その一瞬一瞬に死んでいく。将来の、何かの役に立つために、いまを過ごすことより、いまを細胞全体に生命をみなぎらせて生きるのが、どんなにか、まっとうだろう。

隣りの生命への思いやりも、自分の生命のありように比例するようなのだ。

いま、四年三組のみんなは、目的や効果とは無関係に、混沌とした魂をもっている人間存在を実感しつつある。

非難していたものが、じつは身の内にあり、誇りとしていたものが、実体のないものである、という経験を積み重ねている。

魂の深淵に踏み込めば、逃れたくなるドロドロした何ものかがある。

もし、からだの奥底の何かがほどけて、「解放された」という実感があったとしても、それは長くは続かないかもしれない。

人の思いも行動も、それから世の中のすべてのものや思いが行き来するのが、どうも人間存在のなかからしいのだ。自分だけが浄化され、自分の魂だけが解放され、自分のからだだけがほぐされるなどということは、まずありえないことなのだ。

この映画収録の一か月のあいだに、全校遠足、春季大運動会、定期健康診断、避難訓練という行事があったという。

私は学校へ行くのが苦痛で、遠足も、運動会もいやいや参加していた生徒だったが、もし、私がこんな授業に参加しつづけ、からだがほぐれ、こころが自由になったら、そのことでも、ほかのことでも苦痛は減っただろうか。

どうも、逆のような気がする。苦しみは、さらに深くなるかもしれない。だが、日常にある歓びがもっと熱く、もっと貴重なものとなったかもしれない。

鳥山先生のクラスのみんなのなかに、学校へ行くからだとこころを問いなおす人はいただろうか。

世の中の混沌を受け入れるからだを育てたみんな。

自分の身の内の混沌をさらけだすには、まだ時が必要なのだろうか。それとも、もうすでに、そのことは起こっているのだろうか。


（おはなしおばさん）

あとがき

「先生、どうしたの、声が変だね」「うん、つかれちゃったの」

もう暗くなりかけたころ、雨のなかを帰宅の途中、おととし四年生のとき担任した小野田泉ちゃんと、ばったり会った。黙って肩をならべ、しばらく歩く。泉ちゃんはいつのまにか、一五九センチのわたしを越している。ふっと、顔をみあわせて笑う。

「どうして学校って、子どもたちをこんなにしょっちゅう並ばせなきゃいけないのかと悩んで、すっかりつかれちゃったの」

「わたし、並ぶのいや。だって、ごちゃごちゃしているのが楽しいもん。そのほうがわたしには話を楽しく、よく聞けるもん」

聞くためだったら並ぶ必要はない。特別教室への移動が、どうして並んでいないといけないのか。どう考えてみても、並ばせることは、管理する側にとって必要なからだを用意させることにしかならないと思う。

いま受けもっている四年三組の子どもたちは、比較的自由な姿勢で人の話をきく。きちんと並ぶのはあまりじょうずではない。というより、その必要をあまり感じていない。多少、集中が悪いのは気になるが、話し手がほんとうに自分に語りかけていないと、敏感にそれを聞きわける。わたしの教えた子どもたちが進級し、わたしから離れていったとき、こういった。

「こんどの教室にあるのは、教科書どおりの授業と、本気でないことばばかり……」

ことばでここまで表現できるほどからだが感じ、見ぬいているのはすごいと思うが、そういうからだになると、直立不動で〈がまん〉して立っていることは、たいへんなのだ。正直に生きはじめたからだは、からだにひびいてくることばで語られないと、姿勢も列も〈乱〉していく。足で輪をかいたり、前の友だちにすり寄っていったり……。

しかし、小さいころから、どんなにおもしろくなくてもがまんして、背すじを伸ばし、先生や友だちが話しやすくなるように気づかい、意識的に努力して聞いていたわたしにとってみれば、これは気になることだ。手ばなしで肯定もしていられなくなる。――いつも自分にとっておもしろい話ばかり聞かせてくれるわけじゃないんだから、やっぱりがまんさせることもたいせつなのではないか。聞こうとしている子もいるんだから、迷惑かけないように、人の心も感じる子でないと、まわりだけでなく本人も困るのではないだろうか。自分のほうからもおもしろくする関係をつくっていくことのたいせつさに気づかせなきゃならないのじゃないか――と、わたしの心はゆれにゆれる。

学校へからだを運び、子どもたちの前に立つということは、こういうたぐいの悩みを四六時中もちつづけることだ。――もしかしたら、わたしはとんでもないまちがいをやっているのかもしれない。みんなに迷惑をかけないよう管理することを徹底したほうが、将来、この子たちにとってはしあわせなのかもしれない。しかし、それでは、ほんとうに生きたからだを殺していくことにしかならないではないか。他者を感じ、ともに生きあうからだは、小さいときから親や友だちとの関係のなかで、自分らしく生きることを保障され、一瞬一瞬を生ききっていくなかで生まれてくるのではないだろうか。

かさを打つ雨音を聞きながら、うつむいて歩いていたわたしの横で、泉ちゃんは歩みをとめた。背すじをすっとのばし、さわやかなやさしい顔をわたしに向けた。(先生、元気だして!)。その目はまっすぐわたしを見て、そういっていた。

★

「にわとり」や「豚」を食べる授業は、いずれも自由参加であった。これがいったい、どんなものを子どもたちのからだに刻みこむのか、正直なところ、わたしには確かなものはなにもわかりはしない。いろんな悩みや迷いをかかえて、親もわたしも、自分の体験を出しあい、いま、この時代を生きている子どもたちにとって、どういうことがたいせつなのかを話しあった。もちろん、きちんとした結論が出るわけでなく、そういうとまどいをふくみつつ、親とわたしがともに調べ、準備してつくってきた授業が、この本の一つ一つの記録である。「たべものへの感謝」も「いのちのたいせつさに気づく」ことも、この一回きりの授業だけで、すぐにどうにかなるようなことではない。この授業は一つのきっかけをつくりはするが、あとは親が自分の子どもと毎日くらすなかで、わたしが子どもとどう向かいあっていくかというなかで、進行していく。ニワトリを殺したり、豚をまるごと解体すれば、子どもたちが「いのちのたいせつさを考えるようになる」と短絡的に考えているものではない。

親やわたしは、この授業のなかでひとりひとりの子どもたちのからだに何が起こったのかを真剣によみとる努力をした。授業のなかで見たわが子のことはもちろん、ほかの子の表情や動きやことばのなかに、あるいは感想文のなかに、そして、なによりも日常生活のなかに。

思いもよらない子どもたちのすぐれた感性や、したたかなとしかいいようのない事実との直面のしかたや、深く自分の内側をさぐっている姿やらがたくさん綴られた文章に、親たちは圧倒され、「とても子どもたちほどの文章は書けない」と言った。「いつもわが子を上から見くだして命令ばかりしていた」ことや、表面しかみえず、「深くわが子に向かっていなかった」ことや「子どもは親を選べなかった」ことに気づく親も多かった。親にとっても、これらの授業は大きな事件になった。

しかし、だからといって、これらの授業がほんとうにいいものだった、とはいえない。いいかどうかの判断や結論を急いで下すものではないように思えるのだ。むしろ、この授業をきっかけにして子どもたちがつかんだこと、親やわたしが気づいたことを、どう発展させていくか、というところにこそ親やわたしの関心は向いているといっていいだろう。そして、それは、子どもと親とわたしがかかわりあい、ともに生きるなかで、すでにとりくんできたものなのだ。

豚を食べる授業をして半年たった。たべることに関していえば、親がびっくりするほど味わってだいじに食べるようになった子どもも少なからずいる。

「やっぱり命を大切にしなければいけないんだなあと思います。その人間やその動物は、世界に一人、一頭しかいないからです」という大谷祐介君のことばは、多くの子どもたちの感想を代表しているようだ。

「お母さんは、『本当にお魚食べるようになったね』といいます。お肉よりお魚は、まるごと目がついているので、なんとなく『食べなきゃ』と思います」(佐藤絵里香)

「昔のぼくは、豚の気持ちもわかんなくて、お肉になると、目の色をかえていました。今は、豚の悲しさやくやしさのためにも、もう食べ物はそまつにできません」(阿多秀憲)

★

この本の一連の記録は、教育月刊誌『ひと』(太郎次郎社)に、そのつど書いたものに加筆したものである(I章は、一九八二年六・七・八・十月号、II章は、一九八四年十・十一・一九八五年九月号)。授業をつくるために知恵や力を貸してくださったかたがた、資料を使用させていただいたかたがたに、そして、なにより授業をともにつくった子どもたちにあらためて深くお礼を言いたい。ありがとうございました。

★

鳥山敏子……とりやまとしこ
一九四一年、広島県に生まれる。
戦後、香川県に移住して、
綾南町立滝宮小・中学校を経て、大学まで過ごす。
一九六四年、青梅市立第十小学校をふりだしに、
昭島第三小、光華小、武蔵野小を経て、
一九九四年三月退職。「賢治の学校」を創設。
現在、講演、ワークショップを中心に活動。
竹内演劇研究所六期生。

いのちに触れる

生と性と死の授業

一九八五年十二月一日初版発行
二〇一一年十月十二日 オンデマンド版発行

著者――鳥山敏子
装丁者――松田行正＋大塚恵子
写真――大木茂
発行所――株式会社太郎次郎社エディタス
〒一一三―〇〇三三 東京都文京区本郷四―三―四―三F 電話〇三―三八一五―〇六〇五 www.tarojiro.co.jp
印刷所――株式会社三省堂書店新規事業部
定価――表紙に表示してあります
ISBN978-4-8118-0409-5 C0037

連絡先:株式会社　三省堂書店オンデマンドカウンター
〒101-0051　東京都千代田区神田神保町1-1
メールアドレス:ssdondemand@mail.books-sanseido.co.jp

この作品は、ブックスオンデマンド方式で出版したものです。
造本には十分注意しておりますが、
乱丁・落丁があった場合は、株式会社　三省堂書店　宛てにお送りください。